한국사도 독해가 먼저다

4권 조선 전기

교육 R&D에 앞서가는
 키출판사

왜 〈한국사〉도 독해를 공부해야 할까요?

한국사는 외워야 할 게 많은 암기 과목이라고 이야기해요.
하지만 역사를 쉽게, 제대로, 재미있게 공부하기 위해서는
중요한 역사 개념과 어휘를 먼저 익힌 다음 독해하는 연습이 필요해요.

국어 과목만 독해 연습을 해야 하는 게 아니에요.
낯선 개념과 알아야 할 어휘가 많은 한국사 공부에도 독해 연습이 꼭 필요해요.

〈한국사도 독해가 먼저다〉의 단계적인 독해 연습으로
어려운 한국사가 재미있어져요!

교과서가 쉬워진다

1권 고조선 ~ 삼국	2권 통일 신라와 발해	3권 고려	4권 조선 전기	5권 조선 후기	6권 근현대

중학 한국사 6개 단원 구분 그대로
1개 단원을 1권으로 풀어서 제대로 독해해요.

초등 교과서의 빠진 부분은 채우고
중학 교과서의 어려운 용어는 풀어서
교과서를 **쉽게** 공부할 수 있어요!

왜 〈한국사〉는 흐름을 알아야 할까요?

역사는 옛날 사람들이 살았던 이야기예요. 이야기가 꼬리에 꼬리를 물고 이어지지요.
역사적 사건에는 배경이나 원인이 있고, 그에 따라 새로운 사건과 장면이 펼쳐져요.
그렇기 때문에 역사는 흐름을 파악하는 것이 중요해요.

한국사는 암기 과목이 아니에요.
이야기의 흐름을 잡으면 꼬리에 꼬리를 물고 이야기가 기억된답니다.

〈한국사도 독해가 먼저다〉의 쉬운 그림과 설명으로
복잡한 한국사의 흐름을 선명하게 기억해요!

흐름이 잡힌다

사건과 사건은 연결하고
한눈에 들어오는 그림으로 역사 개념을 잡아
한국사를 **간단하게** 익힐 수 있어요!

구성과 특징

그림으로 만나는 **개념**　　문장으로 다지는 **어휘**　　→　　글과 그림을 함께 읽는 **독해**

1 그림으로 개념을 잡아요.
‣ 핵심 개념을 한눈에 파악하고 그림 덩어리로 기억할 수 있어요.

2 한 문장으로 개념을 정리해요.
‣ 개념 어휘의 뜻을 익히고 문장에 개념 어휘를 넣어 확실하게 이해할 수 있어요.
‣ 핵심 개념을 한 문장으로 명확하게 정리하여 이해할 수 있어요.

3 핵심 개념을 확인하며 글을 읽어요.
‣ 문단 요약어로 지문에서 다루는 핵심 개념을 미리 확인할 수 있어요.
‣ 교과서 여러 쪽에 흩어져 있는 내용을 한 편의 지문에 짜임새 있게 담아, 핵심 개념을 분명하게 이해하고 글의 구조를 파악하여 효과적으로 글을 읽을 수 있어요.

4 지도와 사진 자료를 글과 함께 보아요.
‣ 글을 읽으며 역사의 시간적 흐름을 파악하고, 글과 더불어 지도와 사진 자료를 보며 공간적 맥락을 파악할 수 있어요.
‣ 역사적 사실을 씨실과 날실처럼 짜 맞추어 입체적으로 기억할 수 있어요.

5 바탕 독해력을 키워요.
‣ **바르게 읽기**: 주어진 지문을 바르게 읽으며 내용을 정확하게 파악하는 '사실적 이해' 능력을 키울 수 있어요.
‣ **연결하여 읽기**: 사건이 일어난 순서를 연결하거나 인물과 사건을 연결하며 역사 독해에 꼭 필요한 유기적 관계 파악 능력을 키울 수 있어요.

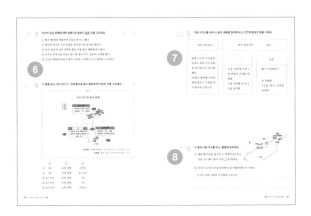

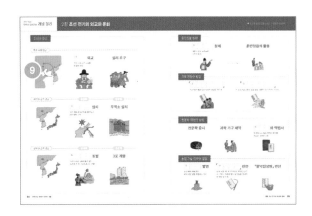

6 심화 독해력을 키워요.

‣ **자세히 읽기**: 지문 내용을 자세히 파고들어 읽으
며 글의 세부 내용을 구체적으로 파악하는 ‘분석적
이해’ 능력을 키울 수 있어요.

‣ **깊이 읽기**: 지문을 <보기> 글과 연결해서 읽으며
주어진 정보를 근거로 삼아 판단을 이끌어 내는 ‘추
론적 이해’ 능력을 키울 수 있어요.

7 구조도로 요약해요.

‣ **구조도 정리하기**(단답형): 지문을 구조화한 도표
안에 알맞은 어휘를 채우면서 글의 내용을 짜임새 있
게 정리할 수 있어요.

8 서술형 쓰기까지 익혀요.

‣ **백지도에 표시하기**(활동형, 단답형): 학습 내용과
관련된 지문 속 역사 지도 정보를 떠올려 백지도 위
에 표시하면서 중요한 내용을 또렷하게 기억할 수 있
어요.

‣ **서술형 쓰기**(힌트형 서술 문제): 출제 의도에 맞
게 학습한 내용을 풀어 쓰면서 지식을 논리적으로 서
술하는 능력을 키우고 학습 내용을 자기 것으로 만들
수 있어요. 문장 일부를 길잡이로 제시해 두어 서술
형 쓰기에 쉽게 접근할 수 있어요.

9 개념을 모아서 정리해요.

‣ **개념 용어 쓰기**(단답형): 각 장에서 공부한 개념을
연표처럼 한데 모아 보면서 나누어져 있어서 헷갈리
기 쉬운 역사 흐름을 직관적으로 기억하고 중요 개념
을 되새길 수 있어요.

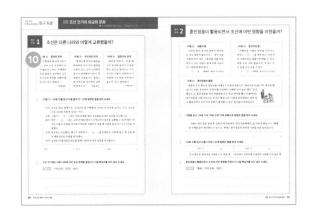

**10 탐구형 문제로 심화 독해력과
    서술형 실력을 키워요.**

‣ **탐구형 독해**: 각 장에서 중요한 탐구 주제를 살피
고 이와 관련된 사료를 바탕으로 독해를 하며 깊이와
밀도가 더해진 심화 독해력을 키울 수 있어요.

‣ **서술형 쓰기**(핵심어 제시형 서술 문제): 주어진 핵
심어나 문장 형식에 따라 서술하는 문제를 통해 ‘힌
트형 서술 문제’보다 한 단계 높아진 쓰기 유형으로
서술형 쓰기에 대한 자신감을 키울 수 있어요.

차례

학습 계획

구분	일차	공부한 날		스스로 평가			다시 공부		
DAY 01	1장 / 01	월	일	☺	😐	☹	☐	☐	☐
DAY 02	1장 / 02	월	일	☺	😐	☹	☐	☐	☐
DAY 03	1장 / 03	월	일	☺	😐	☹	☐	☐	☐
DAY 04	확인 학습	월	일	☺	😐	☹	☐	☐	☐
DAY 05	2장 / 01	월	일	☺	😐	☹	☐	☐	☐
DAY 06	2장 / 02	월	일	☺	😐	☹	☐	☐	☐
DAY 07	2장 / 03	월	일	☺	😐	☹	☐	☐	☐
DAY 08	확인 학습	월	일	☺	😐	☹	☐	☐	☐
DAY 09	3장 / 01	월	일	☺	😐	☹	☐	☐	☐
DAY 10	3장 / 02	월	일	☺	😐	☹	☐	☐	☐
DAY 11	3장 / 03	월	일	☺	😐	☹	☐	☐	☐
DAY 12	3장 / 04	월	일	☺	😐	☹	☐	☐	☐
DAY 13	확인 학습	월	일	☺	😐	☹	☐	☐	☐
DAY 14	4장 / 01	월	일	☺	😐	☹	☐	☐	☐
DAY 15	4장 / 02	월	일	☺	😐	☹	☐	☐	☐
DAY 16	4장 / 03	월	일	☺	😐	☹	☐	☐	☐
DAY 17	4장 / 04	월	일	☺	😐	☹	☐	☐	☐
DAY 18	확인 학습	월	일	☺	😐	☹	☐	☐	☐

1장

조선의
성립

01. 새 나라 조선이 세워졌어요.

정답과 해설 1쪽

그림으로 만나는
개념

조선 건국

조선 1대 왕
┌─ 태조 이성계 ─┐

1388년	1391년	1392년	1394년
위화도 회군	**과전법 실시**	**조선 건국**	**한양 천도**

이성계가 군사를 이끌고 되돌아와 권력을 잡음	토지 제도를 바로잡음	이성계를 왕으로 하여 조선이 세워짐	개경에서 한양으로 도읍을 옮김

문장으로 다지는
어휘

위화도 회군
(- 돌릴회 군사군)
이성계가 군사를 이끌고 요동 정벌에 나섰다가 위화도에서 되돌아온 사건.

과전법 (매길과 밭전 법법)
관리의 등급에 따라 땅(과전)을 나누어 주고 그 땅에서 세금을 거둘 수 있는 권리를 준 법. 과전에서 생산량의 1/10을 세금으로 거둘 수 있음.

이성계
고려의 장군이자 조선의 첫 번째 왕.

한양
오늘날 서울의 옛 이름이자 조선의 도읍. 강과 평야를 끼고 있고 교통이 발달해 예부터 주요 도시로 성장함.

고려 말에 이성계가 [   ]으로 권력을 잡았어요.

이성계는 신진 사대부와 손잡고 [   ]을 실시해 토지 제도를 바로잡았어요.

⭐ 그 후 [   ]를 왕으로 하여 조선이 세워졌어요.

왕위에 오른 태조 이성계는 [   ]으로 도읍을 옮겼어요.

조선의 기틀 마련

조선 3대 왕	조선 4대 왕	조선 9대 왕
태종	세종	성종

호패법 실시

호패

호패를 나누어 주어
백성의 수를 파악함

집현전 설치

집현전에서 학자들이
정책과 학문을 연구하게 함

『경국대전』 완성

유교를 바탕으로 한
통치 질서를 갖춤

조선
고려의 장군이었던 이성계를 왕으로 하여 1392년에 세워진 나라.

호패법
(이름호 패패 법법)
조선 시대에 16세 이상의 모든 남자가 오늘날의 신분증과 같은 호패를 지니고 다니게 한 법.

집현전
(모을집 어질현 전각전)
조선 시대의 학문 연구 기관. 고려 시대까지 이름뿐이었지만, 세종이 실질적인 연구 기관으로 만듦.

경국대전
(다스릴경 나라국 큰대 법전)
조선 시대에 나라를 다스리는 기준이 된 법전.

☐☐이 세워진 뒤, 조선은 나라의 기틀을 마련하는 데 힘썼어요.

태종은 ☐☐☐을 실시하여 백성의 수를 파악했어요.

세종은 ☐☐☐을 새로 설치하여 정책과 학문 연구에 힘썼어요.

성종은 『☐☐☐☐』을 완성하여 유교 중심의 통치 질서를 갖추었어요.

새 나라 조선이 세워졌어요.

▼ 다음 글을 읽고 물음에 답하세요.

**고려 말,
이성계의 집권**

조선은 고려 다음으로 세워진 나라예요. 고려 말에는 외적이 자주 침입하고 지배 세력인 권문세족이 백성의 땅을 빼앗는 등 나라가 온통 혼란스러웠지요. 게다가 중국의 명이 철령 북쪽의 땅 일부를 빼앗으려 하자, 고려 왕인 우왕은 이성계를 보내 명을 공격하게 했어요. 무리한 전쟁에 반대하던 이성계는 일단 왕의 명령에 따랐지만, 결국 위화도에서 군사를 돌렸어요(위화도 회군, 1388). 그리고 개경으로 돌아와 고려 말에 새롭게 떠오르던 정치 세력인 신진 사대부와 힘을 합쳤고, 함께 우왕과 최영 세력을 없애고 권력을 잡았지요.

이성계와 신진 사대부는 혼란한 고려 사회를 개혁하려고 했어요. 먼저 권문세족이 불법으로 차지하고 있던 토지를 거둬들이고, 과전법을 실시해 토지 제도를 바로잡았지요(1391). 과전법은 관리에게 과전, 즉 땅을 나누어 주고 그 땅에서 세금을 거둘 수 있는 권리를 준 법이에요. 신진 사대부는 과전을 나누어 받아 경제적 기반을 마련했고, 나라는 전보다 세금을 거둘 땅이 늘어 살림을 넉넉하게 할 수 있었어요.

조선 건국

신진 사대부는 고려 왕조를 유지할 것인지, 새 나라를 세울 것인지를 두고 의견이 나뉘었어요. 그중 새 나라를 세우자고 주장한 정도전을 중심으로 한 세력이 이성계와 손을 잡았고, 이성계가 왕위에 오르면서 조선이 세워졌어요(1392). 조선이라는 이름은 우리 역사상 첫 국가인 고조선을 잇는다는 뜻을 담고 있어요.

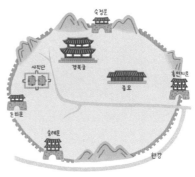

▲ 한양의 모습

**바르게
읽기**

1 **이 글의 내용으로 알맞은 것에 ○표, 알맞지 않은 것에 ×표를 하세요.**

(1) 이성계와 신진 사대부는 과전법을 폐지했다. ( )

(2) 이성계가 왕위에 오르면서 조선이 세워졌다. ( )

(3) 태종은 호패법을 실시해 백성의 수를 파악했다. ( )

(4) 성종은 집현전을 설치하여 학자들이 학문과 정책 연구에 힘쓰게 했다. ( )

태조 이성계는 조선 건국 후 개경에서 한양으로 도읍을 옮겼어요(1394). 한양은 한반도의 중심에 있어 나라를 다스리기 좋은 위치였기 때문이에요. 또한 남쪽으로는 한강이 흐르고, 주변이 산으로 둘러싸여 외적의 침입을 막는 데도 유리했어요.

이후 이성계의 아들 이방원이 조선의 세 번째 왕이 되었어요. 태종 이방원은 호패법을 실시해 백성들에게 호패를 나누어 주었어요. 호패는 16세 이상의 남자들이 지니고 다녀야 했던 신분증 같은 거예요. 태종은 호패법을 통해 백성의 수를 파악했고, 세금을 거둘 수 있는 기초 자료를 마련했지요.

태종의 뒤를 이은 세종은 안정된 왕권을 바탕으로 왕과 신하가 조화를 이루는 정치를 펼치고자 했어요. 집현전을 설치하여 학자들이 학문과 정책 연구에 힘쓰게 했고, 경연을 자주 열어 함께 토론했어요. 이후 단종을 몰아내고 왕위에 오른 세조는 집현전과 경연을 없애는 등 왕 중심의 정치를 펼치려 했어요.

9대 왕인 성종은 집현전을 이은 홍문관을 설치하고 경연을 다시 열었어요. 그리고 세조 때 만들기 시작한 『경국대전』을 완성했지요. 『경국대전』은 조선 시대에 나라를 다스리는 데 기준이 된 법전으로, 『경국대전』을 완성하면서 조선은 유교를 바탕으로 한 통치 질서를 갖출 수 있었어요. 뿐만 아니라 정치·경제·사회·문화의 기본 제도가 담겨 있어 백성의 생활에도 큰 영향을 끼쳤어요.

〈낱말 풀이〉 **권문세족** 고려 후기에 나타난 정치 세력. 벼슬이 높고 권세가 있는 집안이라는 뜻.
신진 사대부 고려 말에 성리학을 공부하고 과거를 통해 관직에 오른 세력.
최영 고려 말에 세력을 떨친 장군. 이성계의 세력에 밀려남.
경연 조선 시대에 나라를 잘 다스리기 위해 임금이 신하에게 가르침을 받았던, 임금을 위한 토론 수업.

연결하여 읽기 **2** **다음 사건들을 일어난 순서에 맞게 번호를 쓰세요.**

(1) 조선이 건국되었다.
(2) 태조가 도읍을 한양으로 옮겼다.
(3) 우왕이 이성계를 보내 명을 공격하게 했다.
(4) 이성계가 위화도 회군 후, 최영 세력을 없애고 권력을 잡았다.

(　　　) → (　　　) → (　　　) → (　　　)

3 조선의 기틀을 세우기 위해 왕들이 한 일로 알맞지 <u>않은</u> 것을 고르세요. ( )

① 태조는 한양으로 도읍을 옮겼다.

② 세조는 경연을 열어 학문과 정책을 토론했다.

③ 성종은 홍문관을 설치하고 『경국대전』을 완성했다.

④ 태종은 호패법을 실시해 세금을 거둘 기초 자료를 마련했다.

⑤ 세종은 집현전을 설치해 학자들이 학문과 정책 연구에 힘쓰게 했다.

4 이 글과 〈보기〉를 읽고, 『경국대전』에 대한 설명으로 알맞지 <u>않은</u> 것을 고르세요.

( )

〈보기〉

▲『경국대전』

『경국대전』은 이전, 호전, 예전, 병전, 형전, 공전의 6개 법전으로 나누어져 있습니다. 유교적 질서를 강조하고, 백성을 중시하는 유교 사상을 반영했습니다. 『경국대전』은 나라를 다스리는 법뿐만 아니라 백성의 일상생활과 관련된 내용도 담고 있습니다.

남자는 15세, 여자는 14세가 되어야 혼인하는 것을 허락한다. 자녀의 나이가 13세가 되면 혼인을 정하는 것을 허락한다. - 「예전」

치료할 수 없는 병에 걸린 부모가 있거나 70세 이상이 된 부모를 모시는 아들 1명의 군역*은 없애 준다. - 「병전」

여자 공노비*가 임신하면 출산하기 전 한 달, 출산한 뒤에 50일을 휴가로 준다. 남편에게는 부인의 출산 후 15일 동안 휴가를 준다. - 「형전」

* **군역** 군대에 가야 하는 의무. * **공노비** 국가 기관에 소속된 노비.

① 나라를 다스리는 기준이 되는 법전이었다.

② 세조 때 만들기 시작하여 성종 때 완성되었다.

③ 정치·경제·사회·문화의 기본 제도가 담겨 있다.

④ 유교를 바탕으로 한 통치 질서를 강조하고 있다.

⑤ 백성의 일상생활과 관련된 내용은 담고 있지 않다.

구조로
정리하기

5 다음 구조도를 보며 이 글의 내용을 정리해 보고, 빈칸에 알맞은 말을 쓰세요.

조선 건국

이성계가 위화도에서 회군함(1388).
↓
이성계와 신진 사대부가
[　　　]을 실시함(1391).
↓
이성계가 왕의 자리에 오르면서
조선이 세워짐(1392).
↓
한양으로 도읍을 옮김(1394).

조선의 기틀 마련	
태종	[　　　]을 실시하여 백성의 수를 파악함.
세종	집현전을 설치하여 학자들이 학문과 정책 연구에 힘쓰게 함.
성종	『[　　　]』을 완성해 유교를 바탕으로 한 통치 질서를 갖춤.

서술형
쓰기

6 이 글과 다음 자료를 읽고, 물음에 답하세요.

조선은 도읍인 (　㉠　)을 외적의 침입으로부터 보호하고자 산등성이를 따라 성을 쌓았습니다. 이곳은 한성이라고 불리기도 했으며, 한성부라는 기관을 두어 다스렸습니다.

(1) ㉠에 알맞은 말을 쓰세요.　　　㉠ _____

(2) 조선이 ㉠으로 도읍을 옮긴 까닭을 쓰세요.

이곳은 한반도의 중심에 있어 나라를 다스리기 좋은 위치였기 때문입니다. 또한
_____

_____

02. 이어서 조선은 통치 체제를 정비했어요.

정답과 해설 2쪽

그림으로 만나는
개념

조선의 중앙 정치 제도

왕

의정부

좌의정 영의정 우의정

정책을 결정함

6조

이조 호조 예조 병조 형조 공조

정책을 집행함

승정원 의금부 사헌부 사간원 홍문관 춘추관 성균관 한성부

3사
권력이 치우치는 것을 막음

문장으로 다지는
어휘

의정부 (의논할의 정치정 관청부)
조선 시대에 정책을 결정하던 최고 기관. 영의정, 좌의정, 우의정이 합의하여 나라의 정책을 결정하거나 왕에게 보고함.

6조 (- 관청조)
조선 시대에 나랏일을 나누어 맡아 처리하던 기관. 이조, 호조, 예조, 병조, 형조, 공조로 이루어져 있으며, 정책을 집행하는 일을 함.

3사 (- 살필사)
조선 시대에 언론을 담당한 사헌부, 사간원, 홍문관을 합하여 부른 말. 사헌부는 관리를 감독하고, 사간원은 왕을 일깨워 주는 일을 했으며, 홍문관은 왕에게 조언을 해 주는 일을 함.

조선은 나라 전체를 다스리는 **중앙 정치 제도**를 정비했어요.

조선은 왕 아래 **의정부**와 **6조**를 중심으로 정치를 펼쳤어요.

〔   〕에서는 나라의 정책을 결정하고, 〔   〕에서는 정책을 집행했어요.

한편 〔   〕를 두어 왕과 신하 중 한쪽으로 권력이 치우치는 것을 막았어요.

조선의 지방 행정 제도

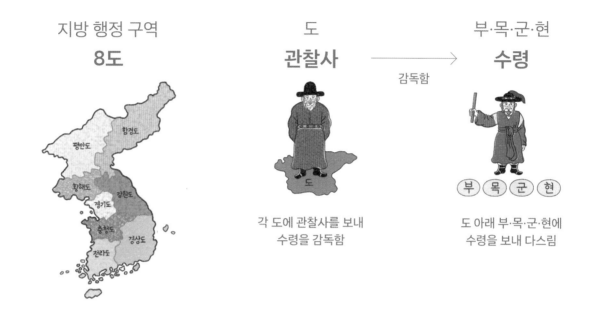

지방 행정 구역
8도

도
관찰사

감독함

부·목·군·현
수령

각 도에 관찰사를 보내
수령을 감독함

도 아래 부·목·군·현에
수령을 보내 다스림

8도
조선 시대에 전국을 8개로 나눈 행정
구역. 경기도, 충청도, 전라도, 경상도,
강원도, 황해도, 평안도, 함경도를 말
함.

관찰사 (볼관 살필찰 부릴사)
조선 시대에 각 도에 파견되어 지방을
다스리던 최고 책임자.

수령 (다스릴수 부릴령)
조선 시대에 부·목·군·현에 파견되어
그 지방을 맡아 다스리던 관리.

조선은 지방을 다스리는 **지방 행정 제도**도 정비했어요.

조선은 전국을 [   ]로 나누고, 그 아래에 부·목·군·현을 두었어요.

그리고 각 도에 [   ]를 보내 수령을 감독하게 했어요.

[   ]은 부·목·군·현을 맡아 다스린 관리였어요.

조선은 통치 체제를 정비했어요.

▼ 다음 글을 읽고 물음에 답하세요.

조선은 건국 이후 백성을 잘 다스리고 나라를 안정적으로 이끌어 가기 위해 중앙과 지방의 통치 체제를 정비했어요.

중앙 정치 제도

조선의 중앙 정치는 의정부와 6조를 중심으로 운영되었어요. 의정부는 나라의 정책을 의논하고 결정하는 최고 통치 기구였어요. 의정부에서는 영의정, 좌의정, 우의정이라는 세 명의 관리가 모여 나랏일을 의논했지요. 의정부 아래에는 6조가 있었어요. 6조는 국방, 교육 등 나누어 맡은 일에 따라 정책을 집행했어요. 또한 왕의 비서 역할을 한 승정원과 큰 죄를 다루는 의금부를 두어 왕권을 뒷받침했어요.

한편 조선은 권력이 한쪽으로 치우치는 것을 막기 위해 사헌부, 사간원, 홍문관의 3사를 두었어요. 사헌부는 관리들이 바르게 행동하는지 살피는 일을 했고, 사간원은 왕이 올바른 정치를 하도록 일깨워 주는 역할을 했으며, 홍문관은 정책에 대한 왕의 질문에 답을 주어 왕이 올바른 결정을 내릴 수 있도록 돕는 역할을 했어요. 이렇게 3사는 권력을 감시하는 언론 기관의 역할을 했지요. 조선은 이와 같이 왕과 신하, 그리고 국가 기관들이 서로 견제하고 균형을 이루도록 했어요.

이 밖에도 조선은 역사책을 펴내고 보관하는 춘추관, 최고 유교 교육 기관인 성균관, 한양을 안전하게 지키는 한성부를 두는 등 중앙 정치 제도를 정비했어요.

▲ 조선의 중앙 정치 기구

바르게 읽기

1 이 글의 내용으로 알맞은 것에 ○표, 알맞지 않은 것에 ✕표를 하세요.

(1) 의정부에서는 정책을 의논하고 결정했다. (   )

(2) 조선의 중앙 정치는 3사를 중심으로 운영되었다. (   )

(3) 조선은 전국을 8도로 나누어 각 도마다 수령을 보내 다스렸다. (   )

(4) 유향소는 수령이 물어보는 일에 의견을 내어 지방 행정에 도움을 주었다. (   )

조선은 지방 행정 제도를 정비하면서 왕의 통치력이 전국 곳곳에 미치도록 했어요. 전국을 8도로 나누고, 도 아래에는 규모에 따라 부·목·군·현의 행정 구역을 두었지요. 각 도에는 관찰사를 보내고, 부·목·군·현에는 수령을 내려보냈어요. 고려 때와 달리 모든 군현에 수령을 보내고, 관찰사가 도를 책임지고 다스리는 동시에 수령이 맡은 일을 잘하도록 감독하게 하면서 중앙 집권 체제를 더욱 튼튼히 할 수 있었어요.

수령은 자신이 다스리는 지방의 행정·사법·군사권을 가지고서 백성을 살피고 다스렸어요. 수령 아래에는 향리가 있었는데, 수령을 도와 일했지요.

한편 지방에 있는 양반들은 유향소를 만들었어요. 유향소는 수령이 물어보는 일에 의견을 내어 지방 행정에 도움을 주었고, 향리가 잘못된 일을 하지 않도록 감시했어요. 또 백성들에게 유교 사상을 퍼뜨리는 역할도 했어요.

▲ 조선 전기의 지방 행정 구역

〈낱말 풀이〉 **견제** 상대방이 자유롭게 행동하거나 힘이 강해지지 못하도록 함.
중앙 집권 체제 왕을 중심으로 한 중앙 세력에 권력이 집중되어 나라를 다스리는 것.
향리 고려와 조선 시대에 지방 행정을 맡아보던 낮은 관리.
유향소 지방 양반들이 만든 자치 기구로, 수령의 통치를 돕고 향리를 단속하며 백성을 가르치는 일 등을 담당한 조직.

연결하여
읽기

2 **조선의 중앙 정치 기구와 하는 일을 알맞게 선으로 연결하세요.**

(1) 6조 •

(2) 사간원 •

(3) 사헌부 •

(4) 의정부 •

• ㉠ 정책을 집행했다.

• ㉡ 정책을 의논하고 결정하는 최고 통치 기구였다.

• ㉢ 관리들이 바르게 행동하는지 살피는 일을 했다.

• ㉣ 왕이 올바른 정치를 하도록 일깨워 주는 역할을 했다.

3 조선의 지방 행정 제도에 대한 설명으로 알맞은 것을 고르세요. ( )

① 향리는 관찰사를 도와 일했다.

② 수령은 각 도를 책임지고 다스렸다.

③ 모든 군현에 수령을 보내지는 않았다.

④ 유향소는 부·목·군·현을 맡아 다스렸다.

⑤ 수령은 자신이 다스리는 지방의 행정·사법·군사권을 가지고 있었다.

4 이 글과 〈보기〉를 보고, 조선의 3사에 대한 설명으로 알맞지 <u>않은</u> 것을 고르세요. ( )

〈보기〉

조선의 3사

(㉠)은 궁궐 안의 책을 관리하고, 경연을 담당하며 왕의 질문에 답을 주었습니다.

(㉡)은 왕에게 바른말을 하고, 정치의 잘잘못을 따져 지적하는 일을 했습니다.

(㉢)는 정치를 토론하고, 모든 관리를 조사해 살피며 풍속을 바로잡았습니다.

전하, 아니되옵니다.

3사의 역할

사헌부나 사간원에서 관리의 잘못된 행동을 말하다가 쫓겨난 자가 있습니다. … 이를 조심하여 사헌부나 사간원의 관원들이 생각을 다 말하지 않는다면, 전하께서 누구에게 잘못된 일에 대해 듣겠습니까.

- 『성종실록』

① ㉠은 홍문관이다.

② ㉡은 사간원이다.

③ ㉢은 사헌부이다.

④ 오늘날 언론 기관과 같은 역할을 했다.

⑤ 권력이 왕에게 집중되도록 하는 역할을 했다.

5 다음 구조도를 보며 이 글의 내용을 정리해 보고, 빈칸에 알맞은 말을 쓰세요.

조선의 중앙 정치 제도

- 의정부와 6조를 중심으로 운영함.
  → [   ]는 정책을 결정하고, 6조는 정책을 집행함.
- 승정원: 왕의 비서 역할을 함.
- 의금부: 큰 죄를 다룸.
- [   ]: 권력이 치우치는 것을 막음.
- 춘추관, 성균관, 한성부 등을 둠.

조선의 지방 행정 제도

- 전국을 [   ]로 나누어 다스림.
  → 관찰사: 도를 다스리고 수령을 감독함.
- 도 아래에 부·목·군·현을 둠.
  → [   ]: 각 부·목·군·현의 행정, 사법, 군사권을 가지고 백성을 다스림.

6 이 글과 다음 자료를 읽고, 물음에 답하세요.

(㉠)은 왕을 대신해 백성을 다스리는 사람이오. 우리 조선은 고려와 달리 모든 군현에 (㉠)을 보내고 있소. 이들이 잘하고 있는지 (㉡)들이 잘 감독하도록 하시오.

(1) ㉠과 ㉡에 알맞은 말을 쓰세요.

㉠
- - - - - - - - - - - - -

㉡
- - - - - - - - - - - - -

(2) 조선이 지방에 ㉠과 ㉡을 내려보낸 목적을 쓰세요.

조선은 지방 행정 제도를 정비하면서
- -

했습니다.
- -

03. 또한 조선은 관리 등용 제도를 정비했어요.

정답과 해설 3쪽

그림으로 만나는
개념

조선의 관리 등용 제도

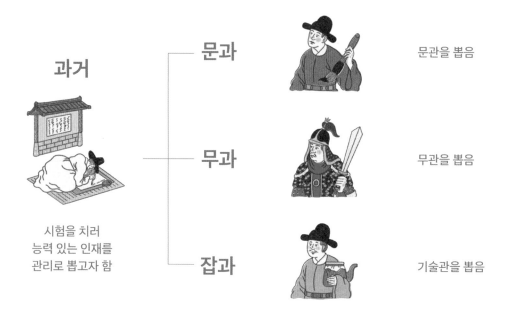

과거

시험을 치러
능력 있는 인재를
관리로 뽑고자 함

문과 —— 문관을 뽑음

무과 —— 무관을 뽑음

잡과 —— 기술관을 뽑음

문장으로 다지는
어휘

과거 (과목과 들거)
고려와 조선 시대에 있었던 관리를 뽑기 위한 시험. 과목마다 실력에 따라 사람을 가려 뽑음.

문과 (글월문 과목과)
유교 경전에 대한 지식을 평가하여 행정 일을 맡는 문관을 뽑던 시험.

무과 (무사무 과목과)
무예 기술 등을 평가하여 군사 일을 맡아보는 무관을 뽑던 시험.

잡과 (섞일잡 과목과)
전문 지식과 기술을 평가하여 역관, 의관, 화원 등의 기술관을 뽑던 시험.

조선에서는 주로 [   ] 를 통해 관리를 뽑았어요.

[   ] 에서는 유학에 뛰어난 문관을 뽑았어요.

[   ] 에서는 무예가 뛰어난 무관을 뽑았어요.

[   ] 에서는 통역, 의학 등의 기술을 가진 기술관을 뽑았어요.

조선의 교육 제도

 서당

기초적인 유학 지식과
한자를 가르침

4부 학당

중앙

한양에서
유교 경전을 가르침

향교

지방

지방에서
유교 경전을 가르침

성균관

높은 수준의
유학 지식을 가르침

유학
(선비유 배울학)
중국 공자의 가르침을
바탕으로 삼는 학문.
인간의 도덕과 사회의
정의를 다룸.

서당
(글서 집당)
조선 시대에 학
자들이 사사로
이 한문을 가르
치던 교육 기관.

4부 학당
(- 거느릴부 배울학 집당)
조선 시대에 나라에
서 인재를 기르기 위
해 한양의 네 곳에 세
운 교육 기관.

향교
(시골향 학교교)
고려와 조선 시대
에 유학을 가르치
기 위해 나라에서
지방에 세운 학교.

성균관
(이룰성 고를균 집관)
조선 시대 최고의 교육
기관. 교육과 학문 연구
를 통해 유교적 지식을
갖춘 관리를 길러 냄.

조선은 [ ] 지식을 갖춘 인재를 길러 내고자 했어요.

[ ] 에서는 기초적인 유학 지식과 한자를 가르쳤어요.

한양의 [ ] 과 지방의 [ ] 에서는 유교 경전을 가르쳤어요.

[ ] 은 높은 수준의 유학 지식을 가르치는 최고 교육 기관이었어요.

조선은 관리 등용 제도를 정비했어요.

▼ 다음 글을 읽고 물음에 답하세요.

관리 등용 제도

조선은 국가의 운영에 필요한 인재를 뽑기 위해 관리를 등용하는 제도를 정비했어요. 그중 가장 중요한 제도는 과거였어요. 과거는 과목에 따라 능력 있는 사람을 뽑기 위해 시험을 치르는 제도로, 문과, 무과, 잡과로 나누어 각각 문관, 무관, 기술관을 뽑았어요.

문과에서는 유교 경전*을 해석하고 글을 짓는 능력을 평가했어요. 무과는 군사에 관한 책에 대한 이해와 무예 실력을 평가하는 시험이고, 잡과는 통역, 의학 등의 기술을 평가하는 시험이었지요. 양인* 이상이면 과거를 볼 수 있었지만, 문과에는 양반 계층이 주로 응시했어요. 무과에는 향리나 상민도 응시했고, 잡과는 주로 중인*이 응시했어요. 과거는 보통 3년마다 치렀으며, 나라에 중요한 일이 있을 때는 별시라는 특별한 시험을 보기도 했답니다.

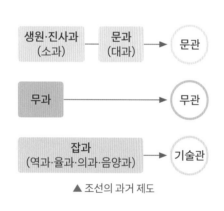

▲ 조선의 과거 제도

과거 외에 음서와 천거라는 제도를 통해서도 관리가 될 수 있었어요. 음서는 나라에 공을 세운 신하나 높은 관리의 자손에게 주어진 특권이었는데, 조선에서는 고려 때보다 음서로 관리를 뽑는 일이 줄었어요. 게다가 음서로 관리가 되었다고 해도 과거에 합격하지 않으면 높은 관직으로 올라가는 것도 어려웠어요. 이는 조선이 고려보다 개인의 능력을 더 중요시한 사회였음을 보여 주지요.

바르게 읽기 **1** **이 글의 내용으로 알맞은 것에 ○표, 알맞지 않은 것에 ✕표를 하세요.**

(1) 조선의 과거는 문과, 무과, 잡과로 나뉘었다.   (   )

(2) 조선에서는 과거를 통해서만 관리가 될 수 있었다.   (   )

(3) 조선 시대에는 유교를 바탕으로 교육이 이루어졌다.   (   )

(4) 성균관에서는 한자와 기초적인 유학 지식을 가르쳤다.   (   )

조선은 교육 제도도 정비했어요. 조선은 유교를 중요하게 여겼기 때문에 유교를 바탕으로 교육이 이루어졌고, 유학 지식을 갖춘 인재를 길러 내려고 했어요. 그러면서 지방 곳곳에 서당이 생겨났어요. 마을에 세워진 서당에서는 한자와 함께 기초적인 유학 지식을 가르쳤어요. 한편 4부 학당과 향교는 나라에서 세운 학교였어요. 조선은 한양에 4부 학당을 세우고, 지방에는 향교를 세워 유교 경전을 가르쳤어요. 나아가 조선 최고의 교육 기관인 성균관에서는 수준 높은 유학 교육을 받을 수 있었어요. 조선은 이렇게 유학 교육을 받아 유교적 능력을 갖춘 사람들이 관리가 되어 나라를 이끌었어요. 한편 외국어나 법, 의학, 천문학 등 기술 교육은 관련된 각 기관에서 맡아서 교육했어요.

▲ 조선의 교육 기관

조선은 능력에 따라 공정하게 관리를 뽑아 쓰려고 했고, 교육을 통해 유교 이념을 널리 퍼뜨리며 능력 있는 인재를 길렀어요. 이처럼 관리 등용 제도와 교육 제도는 조선이 나라를 안정적으로 운영하는 데 중요한 역할을 했어요.

〈낱말 풀이〉 **유교 경전** 유교의 가르침을 정리한 책.
　　　　　　　양인 조선 시대 신분 제도에서 천민이 아닌 사람.
　　　　　　　상민 조선 시대 신분 중 양반과 중인의 아래인 일반 백성.
　　　　　　　중인 조선 시대 신분 중 양반과 상민 사이에 있는 중간 계층의 신분.
　　　　　　　천거 어떤 자리에 사람을 추천하여 쓰게 함.

연결하여
읽기

2　**조선의 과거 과목에 대한 설명을 알맞게 선으로 연결하세요.**

(1) 무과 ・　　　　　　・㉠ 통역, 의학 등의 기술을 평가하는 시험

(2) 문과 ・　　　　　　・㉡ 유교 경전을 해석하고 글을 짓는 능력을 평가하는 시험

(3) 잡과 ・　　　　　　・㉢ 군사에 관한 책에 대한 이해와 무예 실력을 평가하는 시험

자세히 읽기

3 조선의 관리 등용 제도에 대한 설명으로 알맞은 것을 고르세요.　　　(　　)

① 과거는 일 년에 한 번씩 치렀다.

② 문과에는 주로 중인이 응시했다.

③ 무과는 기술관을 뽑는 시험이었다.

④ 고려 때보다 음서로 관리를 뽑는 일이 늘었다.

⑤ 과거에 합격하지 않으면 높은 관직으로 올라가는 것이 어려웠다.

깊이 읽기

4 이 글과 〈보기〉를 읽고, 조선의 과거 제도에 대한 설명으로 알맞지 <u>않은</u> 것을 고르세요.　　　(　　)

〈보기〉

조선 시대 과거 문제

- 혼인할 때 남자가 여자의 집으로 들어가는 풍습을 고칠 방법은 무엇인가?

　　　　　　　　　　　　　　　- 『세종실록』

- 백성의 과소비를 줄여 나라의 창고가 비지 않게 하는 방법은 무엇인가?

　　　　　　　　　　　　　　　- 『단종실록』

나라가 나아갈 방향을 물어본 과거

　조선 시대 문과에서 치르는 마지막 시험은 왕이 내는 문제에 답하는 논술 시험인 '책문'이었습니다. 책문은 나라의 정책에 관한 문제가 출제되는 경우가 많았는데, 정치, 경제, 사회, 역사, 외교 등 거의 모든 분야를 다루었습니다. 과거 응시자들은 유교 경전과 역사책의 내용을 바탕으로 답을 썼습니다. 왕은 책문의 답을 보고 그 사람의 능력을 알아보고, 좋은 내용이 있으면 나라의 정책에 실제로 반영하기도 했습니다.

① 문과에서는 유교 경전을 해석하는 능력 등을 평가했다.

② 문과에서 치르는 책문에서는 정책에 관해 묻는 경우가 많았다.

③ 과거 응시자들이 낸 답은 나라의 정책에 실제로 반영되기도 했다.

④ 과거는 문관을 뽑는 문과, 무관을 뽑는 무과, 기술관을 뽑는 잡과로 나뉘었다.

⑤ 과거는 관리를 뽑을 때 개인의 능력보다 주어진 특권을 더 중요시하는 제도였다.

5 다음 구조도를 보며 이 글의 내용을 정리해 보고, 빈칸에 알맞은 말을 쓰세요.

조선의 관리 등용 제도

- [   ]: 과목에 따라 능력 있는 사람을 뽑기 위해 시험을 치르는 제도
- 음서, 천거

<과거의 종류>

- [   ]: 문관을 뽑는 시험
- 무과: 무관을 뽑는 시험
- 잡과: 기술관을 뽑는 시험

조선의 교육 제도

- 서당: 한자와 기초적인 유학 지식을 가르침.
- 4부 학당, [   ]: 한양과 지방에서 유교 경전을 가르침.
- [   ]: 최고 교육 기관으로, 높은 수준의 유교 지식을 가르침.

6 이 글과 다음 자료를 읽고, 물음에 답하세요.

조선 시대에는 유학을 공부한 똑똑하고 어진 인재를 길러 내고자 했습니다. (㉠)에서는 유교의 기본을 배웠습니다. 조금 더 공부하고 싶으면 한양에 있는 (㉡)이나 지방의 향교에서 유교 경전을 공부했습니다. 성균관에서는 깊이 있는 유학 공부를 했습니다.

(1) ㉠과 ㉡에 알맞은 조선 시대 교육 기관의 이름을 쓰세요.

㉠ _____   ㉡ _____

(2) 조선의 교육은 무엇을 바탕으로 이루어졌는지 쓰세요.

조선은 _____

_____ 바탕으로 교육이 이루어졌습니다.

조선

1388년	1392년	1394년
① ⬚ ⬚ ⬚	② ⬚ **건국**	**한양 천도**
이성계가 군사를 이끌고 요동 정벌에 나섰다가 위화도에서 되돌아온 사건.	이성계를 왕으로 하여 1392년에 세워진 나라.	

조선의 중앙 정치 제도

왕

좌의정 영의정 우의정

승정원 의금부 사헌부 사간원 홍문관 춘추관 성균관 한성부

① ⬚ ⬚
조선 시대에 정책을 결정하던 최고 기관.

이조 호조 예조 병조 형조 공조

② ⬚
조선 시대에 나랏일을 나누어 맡아 처리하던 기관.

조선의 지방 행정 제도

8도

지방 관리

① ⬚ ⬚
조선 시대에 각 도에 파견되어 지방을 다스리던 최고 책임자.

② ⬚
조선 시대에 부·목·군·현에 파견되어 그 지방을 맡아 다스리던 관리.

부 목 군 현

조선 3대 왕
태종

조선 4대 왕
세종

조선 9대 왕
성종

③ ⬚⬚⬚ **실시**

조선 시대에 16세 이상의 모든 남자가 오늘날의 신분증과 같은 호패를 지니고 다니게 한 법.

집현전 설치

『④ ⬚⬚⬚』 **완성**

조선 시대에 나라를 다스리는 기준이 된 법전.

조선의 관리 등용 제도

과거

시험 과목

① ⬚⬚

유교 경전에 대한 지식을 평가하여 문관을 뽑던 시험.

무과

② ⬚⬚

전문 지식과 기술을 평가하여 기술관을 뽑던 시험.

조선의 교육 제도

① ⬚⬚

조선 시대에 학자들이 사사로이 한문을 가르치던 곳.

② ⬚⬚

조선 시대에 한양의 네 곳에 세운 교육 기관.

중앙

향교

지방

③ ⬚⬚

조선 시대 최고의 교육 기관.

탐구
주제 **1**

조선은 어떤 이념을 담아 한양을 건설했을까?

〈자료 1〉　**한양의 위치와 모양**

　도평의사사가 말했다. "가만히 한양을 보건대, 앞뒤 산과 물의 모양새가 뛰어나 옛날부터 이름이 났고, 사방으로 통하는 도로의 거리가 고르며 배와 수레가 통하는 곳이니 이곳에 영원토록 도읍을 정하는 것이 하늘과 백성의 뜻에 맞을 것입니다."　　　　　- 『태조실록』

〈자료 2〉　**한양 도성의 모습**

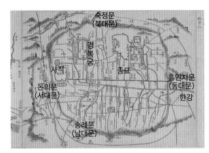

▲ 「도성도」

　조선은 한양을 외적의 침입으로부터 보호하고자 여러 산등성이를 따라 도성을 쌓았습니다. 또한 유교 이념에 따라 건물의 위치를 잡고 이름을 지었습니다. 임금이 사는 궁궐인 경복궁을 중심으로 동쪽에는 종묘, 서쪽에는 사직을 두었습니다. 유교에서 강조하는 덕목인 인·의·예·지에서 따서 이름을 붙인 4개의 대문을 동서남북에 세웠습니다. 한편 한양의 남쪽에는 한강이 흘러 교통이 편리했습니다.

　　* 도성　도읍을 둘러싼 성.

1　〈자료 1〉과 〈자료 2〉를 읽고, ㉠과 ㉡에 알맞은 말을 찾아 쓰세요.

　(㉠　　　　　　　)은 한반도의 중심에 있고 사방으로 교통이 편리하여 나라를 다스리기 좋은 위치였습니다. 또한 남쪽으로는 (㉡　　　　　　)이 흐르고, 주변이 산으로 둘러싸여 외적의 침입을 막는 데도 유리했습니다.

2　조선은 어떤 이념을 담아 한양을 건설했는지 다음 핵심어를 모두 넣어 쓰세요.

　핵심어　(한양) (유교 이념) (건물) (이름)

- -

- -

『경국대전』 편찬은 어떤 의미가 있을까?

〈자료 1〉 『경국대전』

『경국대전』은 조선을 다스리는 기준이 된 법전입니다. 6조가 나눠 맡은 나랏일에 따라 6개의 법전으로 이루어져 있으며, 유교적 기본 질서를 강조하고 백성을 중시하는 사상을 반영했습니다. 여기에는 백성의 일상생활과 관련된 규정도 실려 있어 당시 백성의 생활 모습을 짐작할 수 있습니다.

〈자료 2〉 『경국대전』의 내용

「**이전**」 관리는 묘시(오전 5~7시)에 출근하고 유시(오후 5~7시)에 퇴근한다.
「**호전**」 땅을 사고팔면 100일 안에 관청에 신고한다.
「**예전**」 남자는 15세, 여자는 14세가 되어야 혼인하는 것을 허락한다.
「**병전**」 70세 이상이 된 부모를 모시는 아들 1명의 군역은 없애 준다.
「**형전**」 사형을 명령 받은 사람은 3번 심사하여 억울한 죽음을 막는다.
「**공전**」 고친 곳이 3년 안에 망가지면 공사를 한 사람과 관리가 처벌을 받는다.

1 〈자료 2〉를 읽고, ㉠~㉢에 알맞은 『경국대전』의 법전 이름을 찾아 쓰세요.

이전	관청 조직 및 문관의 인사에 관한 규정
(㉠)	토지, 세금에 대한 규정
(㉡)	교육, 과거제, 혼인, 제사, 외교에 관한 규정
병전	군사 제도, 무관의 인사에 관한 규정
(㉢)	형벌, 재판, 노비, 상속에 관한 규정
공전	도로, 교통, 건축에 관한 규정

2 『경국대전』 편찬의 의미를 다음 문장 형식에 맞게 쓰세요.

문장 형식 『경국대전』은 ~ 강조하고 ~ 반영했습니다.

조선의 중앙 정치 제도는 어땠을까?

〈자료 1〉 조선의 중앙 정치 제도

   조선의 중앙 정치는 의정부와 6조를 중심으로 운영되었습니다. 의정부는 최고 통치 기구로, 영의정, 좌의정, 우의정이라는 세 명의 정승이 모여 나라의 정책을 의논하고 결정했습니다. 의정부 아래에 있는 6조는 정책을 집행했습니다. 6조는 각 분야의 일을 나누어 맡아 나라의 질서를 유지하고 발전시키는 데 중요한 역할을 했습니다.

〈자료 2〉 조선의 중앙 정치 기구

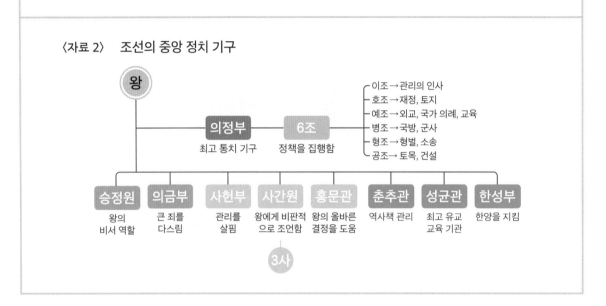

1 〈자료 2〉를 보고, 각각의 기구에서 하는 일을 알맞게 선으로 연결하세요.

(1) 승정원 •　　　• ㉠ 관리를 살핌.　　　(4) 의금부 •　　　• ㉣ 한양을 지킴.

(2) 사헌부 •　　　• ㉡ 역사책을 관리함.　　(5) 홍문관 •　　　• ㉤ 큰 죄를 다스림.

(3) 춘추관 •　　　• ㉢ 왕의 비서 역할을 함.　(6) 한성부 •　　　• ㉥ 왕의 바른 결정을 도움.

2 의정부와 6조의 역할을 다음 핵심어를 모두 넣어 두 문장으로 쓰세요.

   핵심어　(최고 통치 기구) (정책) (결정) / (정책) (집행)

   의정부는

   6조는

탐구 주제 4 조선은 어떻게 관리를 뽑았을까?

〈자료 1〉 조선의 과거 제도

조선 시대에는 능력 있는 인재를 관리로 뽑기 위해 과거를 실시했습니다. 과거 제도를 통해 유교의 가르침을 바탕으로 나라를 이끌어 갈 사람을 뽑으려 했습니다.

문과에서는 유교 경전을 해석하는 능력 등을 평가했습니다. 보통은 양인 이상이면 시험을 볼 수 있었지만 주로 양반 계층이 응시했습니다. 무과는 무예 실력을 평가하는 시험으로, 양반뿐 아니라 향리나 상민도 시험에 응시했습니다. 잡과는 통역, 의학 등의 기술을 평가하는 시험으로, 주로 중인이 응시했습니다.

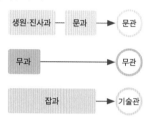

〈자료 2〉 과거 과목의 종류

(가)

저는 중인인 아버지를 두었고, 중국어를 잘해요. 앞으로 역관이 되어 중국을 오가며 중국과 우리나라 말이 통하도록 옮겨 주는 일을 하고 싶어요.

(나)

저는 양반 출신이에요. 어려서부터 유교 경전 읽는 것을 좋아했지요. 제 꿈은 문관이 되어 조선이 더 좋은 나라가 될 수 있도록 일하는 거예요.

(다)

저희 아버지는 상민이에요. 전 무술 익히는 것을 좋아해요. 제 꿈은 군인이 되어 조선을 안전하게 지키는 거예요.

1 〈자료 2〉의 세 인물이 응시해야 할 시험을 〈자료 1〉에서 찾아 쓰세요.

(가) (   )   (나) (   )   (다) (   )

2 조선은 과거 제도를 통해 어떤 사람을 뽑으려 했는지 다음 핵심어를 모두 넣어 쓰세요.

핵심어 (과거) (유교) (나라)

한양 도성의 이름에는 어떤 뜻이 담겨 있을까요?

조선의 도읍인 한양을 둘러싸고 있는 도성에는 4개의 대문이 있어요.
4대문의 이름에는 인, 의, 예, 지의 유교 덕목을 넣어 유교 이념을 강조했답니다.

동대문(흥인지문)에는 '인'의 덕목이 담겨 있어요.

동대문의 다른 이름은 흥인지문 또는 흥인문이에요. '흥인'이란 '인'을 일으
킨다는 말로, 백성을 어질게 다스린다는 뜻이에요.

동대문은 한양 도성의 4대문 중 유일하게 성문을 보호하기 위하여 큰 성문
밖에 둥근 모양으로 쌓은 작은 성을 갖추고 있어요. 또한, 동대문은 우리나라
에서 가장 먼저 보물 1호로 지정된 문화재랍니다.

서대문(돈의문)에는 '의'의 덕목이 담겨 있어요.

서대문의 다른 이름은 돈의문이에요. '돈의'란, 의로움을 돈독히 한다는 뜻
이에요.

서대문은 한양의 서쪽에 자리 잡고 있었지만, 1915년에 일본이 도로를 넓
힌다는 이유로 없애 버렸어요. 그래서 4대문 중 유일하게 남아 있지 않은 성
문이랍니다.

남대문(숭례문)에는 '예'의 덕목이 담겨 있어요.

남대문의 다른 이름은 숭례문이에요. '숭례'란, 예를 높이 받들어 모신다는
뜻이에요.

남대문은 서울에 남아 있는, 나무로 만든 건물 중 가장 오래된 것이었어요.
하지만 2008년에 화재로 큰 피해를 입었고, 2013년에 다시 고쳐 원래 모습
을 되찾았어요. 또한, 우리나라의 국보 제1호이기도 하답니다.

북대문(홍지문)에는 '지혜'의 덕목이 담겨 있어요.

북대문의 다른 이름은 홍지문이에요. '홍지'란, 지혜를 넓힌다는 뜻이에요.
북대문은 숙청문, 숙정문이라고도 불렀어요.

북대문은 다른 대문들과 다르게 사람들이 드나들기 위해 지은 것이 아니에
요. 북대문은 동서남북에 하나씩 대문을 두기 위해 지은 것으로, 평소에는 닫
아 두었다가 비상시에만 문을 열었다고 해요.

2장

조선 전기의 외교와 문화

01. 조선은 사대교린의 외교를 펼쳤어요.

명과의 사대 외교

명을 섬김

명에 사신을 보내고
조공품을 바침

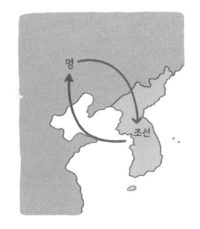

실리 추구

명의 선진 문물을 받아들이고
나라를 안정시키는 등 실리를 얻음

사대 외교 (섬길사 큰대 -)
작은 나라가 큰 나라를 받
들어 섬기는 외교.

조공품
(문안할조 바칠공 물건품)
작은 나라가 큰 나라에 때
를 맞추어 바치는 선물.

선진 문물
(먼저선 나아갈진 글월문 물건물)
다른 나라보다 발달된 문화
나 문화 활동의 결과물.

실리 (열매실 이로울리)
실제로 얻는 이익.

조선은 **명**을 섬기는 　　　　외　교　를 펼쳤어요.

조선은 명에 해마다 사신을 보내어 　　　　　을 바쳤어요.

그러면서 조선은 명으로부터 　　　　　　을 받아들였어요.

조선은 명을 섬김으로써 나라를 안정시키는 　　　를 챙겼어요.

여진·일본과의 교린 외교

여진

국경을 침입한
여진을 몰아내고
4군 6진을 설치함

무역소를 설치하고
교류함

일본

왜구가 침략하자
쓰시마섬을 토벌함

조선의 항구 3곳을
통해 교류함

교린 외교 (사귈교 이웃린 -)
교류와 토벌을 함께 하며 이
웃 나라와의 관계를 이어 가
는 외교.

토벌 (칠토 칠벌)
힘을 써서 몰아냄.

4군 6진
조선 세종 때 여진족을 몰아
내고 만든 행정 구역. 압록강
상류의 4군과 두만강 하류의
6진을 말함.

쓰시마섬
우리나라와 가까이 붙어 있
는 일본의 큰 섬. 대마도라고
도 부름.

조선은 여진·일본과는 〔　　〕외〔교〕를 펼쳤어요.

여진·일본과 때로는 잘 지내다가 문제가 생기면 강하게 〔　　〕했어요.

조선은 **여진**이 국경을 넘어오자 여진을 몰아내고 〔　　　〕을 설치했어요.

조선은 **일본** 왜구의 침략이 계속되자 〔　　　〕을 토벌했어요.

조선은 사대교린의 외교를 펼쳤어요.

▼ 다음 글을 읽고 물음에 답하세요.

조선은 건국 후 안으로는 체제를 정비하며 나라의 기틀을 닦았고, 밖으로는 다른 나라와 활발히 교류했어요. 조선은 사대교린의 외교 정책을 펼쳤어요. 사대교린이란 '큰 나라는 섬기고, 이웃 나라와는 사귄다.'는 뜻이에요. 조선은 명과는 사대 관계를, 여진과 일본 등 이웃 나라와는 교린 관계를 맺었어요.

**명과의
사대 외교**

조선은 건국 초기에 명과 갈등을 빚기도 했어요. 태조 이성계 때 명에 맞서 요동* 정벌을 계획하면서 명과 대립했지요. 하지만 태종 이후에는 불필요한 다툼을 피하고 명과 좋은 관계로 지냈어요. 조선은 큰 나라인 명에 사대 정책을 펼쳐 때마다 명에 사신과 조공품을 보내고, 명에게 답례품을 받았어요. 이 과정에서 조선은 명의 선진 문물을 받아들여 경제와 문화를 발전시킬 수 있었어요. 명을 섬기면서 실리를 챙긴 것이지요. 또한 조선은 새 왕이 왕위에 오르면 명에 이를 알리고 명의 인정을 받았어요. 이를 통해 조선은 왕의 지위를 국제적으로 인정받고, 왕권을 안정시킬 수 있었지요.

**여진·일본과의
교린 외교**

조선은 여진과 일본 등의 이웃 나라에는 교린 정책을 펼쳤어요. 평화롭게 지내며 교류하다가 문제가 생기면 강하게 대응했지요. 여진은 압록강과 두만강 일대에 자리 잡고 있었는데, 조선은 북쪽 국경과 마주한 여진과 잘 지내기 위해 여진 사람이 협력하거나 귀화*하면 벼슬과 땅을 내려 주었어요. 또 국경 지역에 무역소를 만들어 교역*을 허락하기도 했어요. 하지만 여진이 국경을 넘어와 백성을 위협하고 괴롭히자, 세종은 여진을 토벌하고 4군과 6진을 개척했어요. 4군 6진은 평안도와 함경

**바르게
읽기**

1 **이 글의 내용으로 알맞은 것에 ○표, 알맞지 않은 것에 ✕표를 하세요.**

(1) 조선은 명에 교린 정책을 펼쳤다. ( )

(2) 조선은 여진과 일본에 조공품을 보냈다. ( )

(3) 세종은 여진을 토벌하고 4군 6진을 개척했다. ( )

(4) 왜구가 조선의 바닷가를 자주 침략하자, 세종은 쓰시마섬을 토벌했다. ( )

도 지역에 설치한 행정 구역이에요. 조선은 남쪽 지방의 주민들을 이곳으로 옮겨 살게 해 국경 지역을 안정시켰고 국경을 확실히 정했어요.

▲ 4군 6진의 개척

일본과의 관계에서도 마찬가지였어요. 일본 해적인 왜구가 조선의 바닷가를 자주 침략하자, 세종은 왜구의 근거지인 쓰시마섬(대마도)을 토벌했어요. 이후 일본이 평화롭게 교류하고 싶어 하자 조선은 부산포, 염포(울산), 제포(진해)의 세 항구, 즉 3포를 열어 교역을 허락했지요. 이 밖에도 조선은 류큐(오키나와), 자와(인도네시아), 시암(타이) 등 여러 나라와 교류했어요.

이처럼 조선은 명과의 외교로 국제 사회에서 자리를 확고히 하면서 선진 문물을 받아들였고, 여진·일본과의 외교로 국경을 안정시키면서 필요한 것을 교역할 수 있었답니다.

〈낱말 풀이〉 요동　중국 랴오허강의 동쪽 지방. 지리적 중요성 때문에 한반도와 중국, 북방 민족 사이에 충돌이 많았던 지역.
귀화　다른 나라의 국적을 얻어서 그 나라의 국민이 되는 일.
무역소　조선 초기에 여진의 경제적 요구를 들어주려고 만든 무역 장소.
교역　주로 나라와 나라 사이에서 물건을 사고팔고 하여 서로 바꿈.
근거지　어떤 일을 하는 데 바탕으로 삼거나 주로 활동하는 곳.

연결하여
읽기
2 조선이 펼친 외교의 내용과 대상을 알맞게 선으로 연결하세요.

(1) 명　•

• ㉠ 사신과 조공품을 보내면서, 실리를 챙김.

(2) 여진　•

• ㉡ 쓰시마섬을 토벌하는 한편, 교역을 허락함.

(3) 일본　•

• ㉢ 무역소를 만들어 교역하고, 4군 6진을 개척함.

3 조선의 외교 정책에 대한 설명으로 알맞지 <u>않은</u> 것을 고르세요. ( )

① 태조 때 명과 대립하며 갈등을 빚기도 했다.

② 명과의 외교로 선진 문물을 받아들이며 실리를 챙겼다.

③ 여진·일본과 교린 정책을 펼쳐 다툼 없이 평화롭게 지냈다.

④ 조선은 무역소를 만들고 항구를 열어 여진·일본과 교역을 했다.

⑤ 조선은 명과의 외교로 왕의 지위를 국제적으로 인정받을 수 있었다.

4 이 글을 읽고, 〈보기〉의 ㉠~㉢에 들어갈 말이 알맞게 짝 지어진 것을 고르세요. ( )

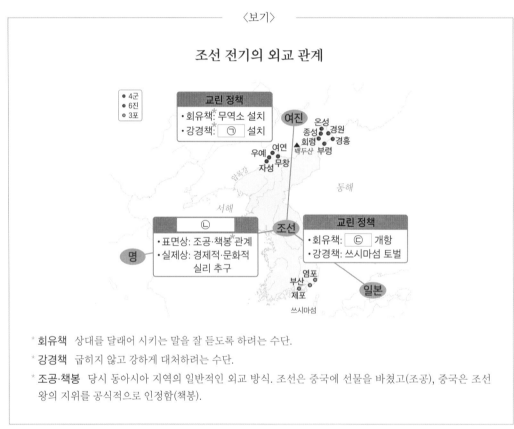

〈보기〉

조선 전기의 외교 관계

* **회유책** 상대를 달래어 시키는 말을 잘 듣도록 하려는 수단.
* **강경책** 굽히지 않고 강하게 대처하려는 수단.
* **조공·책봉** 당시 동아시아 지역의 일반적인 외교 방식. 조선은 중국에 선물을 바쳤고(조공), 중국은 조선 왕의 지위를 공식적으로 인정함(책봉).

	㉠	㉡	㉢
①	3포	교린 정책	무역소
②	3포	사대 정책	4군 6진
③	4군 6진	교린 정책	3포
④	4군 6진	사대 정책	3포
⑤	4군 6진	교린 정책	무역소

구조로
정리하기

5 다음 구조도를 보며 이 글의 내용을 정리해 보고, 빈칸에 알맞은 말을 쓰세요.

☐ 과의 사대 외교	여진·일본과의 ☐ 외교

- 명에 사신과 조공품을 보내고 명의 선진 문물을 받아들이며 실리를 챙김.
- 새 왕이 왕위에 오름을 명에 알리고 인정을 받아 왕권을 안정시킴.

☐

- 국경 지역에 무역소를 만들어 교역을 허락함.
- 국경 지역에 4군과 6진을 설치함.

일본

- 왜구가 침략하자 ☐☐☐ 을 토벌함.
- 3포를 열어 교역을 허락함.

서술형
쓰기

6 이 글과 다음 지도를 보고, 물음에 답하세요.

(1) 세종 때 여진을 물리치고 개척한 4군과 6진을 지도에서 찾아 각각 ◯표 하세요.

(2) 조선은 4군과 6진을 설치한 다음 어떻게 했는지 쓰세요.

조선은 남쪽 지방의 주민들을 이곳으로

- -

- -

그림으로 만나는
개념

훈민정음 창제

(배경)
한자 사용

1443년 / 1446년
훈민정음 창제·반포

훈민정음 활용

세종

한자는 우리말과 다르고 어려워
백성들이 쓰기 불편함

우리말을 소리 나는 대로
적을 수 있는 문자를 만들어 퍼트림

백성이 쉽게 글을 배워 쓰며
민족 문화 발전의 밑거름이 됨

문장으로 다지는
어휘

한자
(한나라**한** 글자**자**)
단어의 뜻을 모양으로 나타
낸 중국의 글자.

훈민정음
(가르칠**훈** 백성**민** 바를**정** 소리**음**)
세종이 만든 우리나라 고유
의 글자. '백성을 가르치는 바
른 소리'라는 뜻을 담고 있음.

백성
(여러**백** 백성**성**)
나라의 국민을 이르
는 옛말.

민족 문화
(백성**민** 겨레족 글문 될화)
민족의 언어, 풍습, 생활 양식
따위를 바탕으로 이루어진 민
족 고유의 독특한 문화.

우리나라는 일찍부터 [   ]를 사용했지만, 일반 백성이 쓰기에는 너무 어려웠어요.

세종은 우리말을 소리 나는 대로 적을 수 있는 [   ]을 만들었어요.

훈민정음 창제로 [   ]은 말과 생각을 글로 표현할 수 있게 되었어요.

훈민정음은 [   ] 발전의 밑거름이 되었어요.

기록 문화의 발달

역사서

조선 역대 왕들의 역사를 정리한
『조선왕조실록』을 펴냄

지리서와 지도

지방의 지리와 풍속을 정리한
『동국여지승람』을 펴냄

기록
(적을기 기록할록)
나중에 남길 목적으로 어떤 사실을 적은 글.

조선왕조실록
(- 임금왕 왕조조 열매실 기록할록)
조선 태조 때부터 25대 철종 때까지
472년간의 역사적 사실을 적은 책.

동국여지승람
(동쪽동 나라국 땅여 땅지 뛰어날승 볼람)
각 도의 지리, 풍속, 인물 등을 자세하게 기록한 조선 전기의 지리서.

★ 건국 초부터 조선은 다양한 ☐☐☐ 을 남겼어요.

『☐☐☐☐☐☐☐』 같은 역사서를 펴냈어요.

『☐☐☐☐☐☐』 같은 지리서를 펴내고, 지도를 만들었어요.

이렇게 조선의 기록 문화가 발달하면서 민족 문화도 발전했어요.

조선 전기에 민족 문화가 발달했어요.

▼ 다음 글을 읽고 물음에 답하세요.

훈민정음 창제

조선은 건국 초부터 백성의 삶을 안정시키기 위해 힘썼어요. 세종 대에 이르러 안정과 번영을 맞으며 민족 문화가 크게 발전했지요. 특히 조선 전기에는 자주적이고 실용적인 문화가 발달했는데, 우리 고유의 문자인 훈민정음의 창제가 그 대표적인 성과이지요.

조선의 4대 임금인 세종은 훈민정음을 창제하고 민족 문화 발전에 한 획을 그었어요. 세종은 한자가 우리말과 다르고 배우기가 힘들어 지배층을 제외한 일반 백성이 쓰기 불편하다는 점을 안타깝게 여겼어요. 그래서 우리말을 소리 나는 대로 쓸 수 있으며, 누구나 쉽게 배워 쓸 수 있는 글자인 훈민정음을 만들었어요. 훈민정음은 '백성을 가르치는 바른 소리'라는 뜻으로, 백성을 위해 만든 과학적이고 독창적인 문자였지요. 세종은 1443년에 훈민정음을 만들어 1446년에 반포했어요. 훈민정음을 활용하면서 백성이 자신의 말과 생각을 글로 자유롭게 표현할 수 있게 되었고, 나라에서는 정책과 유교 윤리를 백성에게 쉽게 알릴 수 있었어요. 조선의 건국을 노래한 『용비어천가』와 유교 윤리를 담은 『삼강행실도』 등을 훈민정음으로 써서 펴냈지요. 이렇게 우리나라 고유의 글자인 훈민정음은 민족 문화 발전의 밑거름이 되었어요.

**기록 문화의
발달**

또한, 조선은 건국 초부터 나라의 기틀을 다지는 과정에서 다양한 책을 펴냈어요. 특히 역사서 편찬에 힘을 기울였어요. 조선이 정당하게 세워졌다는 것을 널리 알리고, 유교를 바탕으로 한 통치 이념을 강조하기 위해서였지요. 조선은 고려 왕조의 역사를 정리한 『고려사』와 『고려사절요』, 고조선부터 고려까지의 역사를 담

**바르게
읽기**

1 이 글의 내용으로 알맞은 것에 ○표, 알맞지 않은 것에 ✕표를 하세요.

(1) 세종은 우리말을 소리 나는 대로 쓸 수 있는 글자를 만들었다. ( )

(2) 훈민정음으로 써서 펴낸 책으로 『고려사』, 『고려사절요』가 있다. ( )

(3) 『조선왕조실록』은 고려 때 있었던 역사적 사실을 정리한 책이다. ( )

(4) 성종 때 지방의 역사, 풍속 등을 기록한 『동국여지승람』이 편찬되었다. ( )

은 『동국통감』 등을 펴냈어요. 그리고 조선 1대 임금인 태조부터 25대 철종까지 조선 왕조의 역사를 왕별로 정리하여 『조선왕조실록』을 펴냈지요. 『조선왕조실록』은 왕이 통치하는 기간 동안에 있었던 역사적 사실을 정리한 책으로, 여러 권을 인쇄하여 한양과 전국에 나누어 보관했어요.

▲ 『조선왕조실록』

조선은 지방을 잘 다스리고 국방을 튼튼히 하기 위해 지도와 지리서도 만들었어요. 태종 때는 세계 지도인 「혼일강리역대국도지도」가 제작되었어요. 또 성종 때는 지방의 역사, 풍속, 지형, 인물 등을 자세히 기록한 지리서인 『동국여지승람』을 펴내어 지방을 효율적으로 다스리는 데 활용했어요.

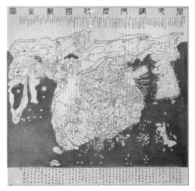
▲ 「혼일강리역대국도지도」

이처럼 조선 전기에는 훈민정음 창제, 다양한 기록물과 서적 편찬이 이루어지며 민족 문화가 크게 발달했어요. 이러한 노력들은 조선이 자주적이고 체계적인 국가로 자리 잡는 데 중요한 밑거름이 되었답니다.

〈낱말 풀이〉 **자주적** 자기 일을 스스로 처리하는 것.
　　　　　 창제 전에 없던 것을 처음으로 만드는 것.
　　　　　 반포 세상에 널리 퍼뜨려 모두 알게 함.

연결하여 읽기　**2**　**조선 전기 기록 문화유산에 대한 설명을 알맞게 선으로 연결하세요.**

(1) 훈민정음　·

(2) 『동국통감』　·

(3) 『조선왕조실록』·

(4) 『동국여지승람』·

· ㉠ 조선 왕조의 역사를 왕별로 정리한 책

· ㉡ 고조선부터 고려까지의 역사를 담은 역사서

· ㉢ 지방의 역사, 풍속, 지형, 인물 등을 기록한 지리서

· ㉣ '백성을 가르치는 바른 소리'라는 뜻의 우리 고유 문자

3 조선 전기에 발달한 기록 문화에 대한 설명으로 알맞은 것을 고르세요.　　（　　　）

① 고려 왕조의 역사를 정리한 『용비어천가』를 펴냈다.

② 우리나라 지도인 「혼일강리역대국도지도」를 만들었다.

③ 조선 왕조의 역사를 왕별로 정리한 『조선왕조실록』을 펴냈다.

④ 고조선부터 고려까지의 역사를 정리한 『동국여지승람』을 펴냈다.

⑤ 『동국통감』 등의 지리서는 지방을 효율적으로 다스리는 데 활용되었다.

4 이 글과 〈보기〉를 읽고, 훈민정음의 활용에 대한 설명으로 알맞지 <u>않은</u> 것을 고르세요.

　　（　　　）

〈보기〉

훈민정음의 활용

> 지혜로운 사람은 하루를 마치기도 전에 훈민정음을 깨우치고, 어리석은 사람이라도 열흘이면 배울 수 있다. … 바람 소리, 새의 울음소리, 개 짖는 소리 등을 모두 적을 수 있다.
>
> - 『훈민정음해례본』 정인지가 쓴 서문

▲ **『삼강행실도』** 효자, 충신, 열녀의 이야기를 담은 책으로, 훈민정음으로 쓴 설명을 윗부분에 적었다.

▲ **선조 국문 유서** 14대 왕인 선조가 백성에게 내린 글로, 왜군을 잡아 오거나 포로가 된 백성을 구하면 벼슬을 내린다는 내용이 훈민정음으로 쓰여 있다.

> 노비 기축이는 이 편지를 읽고 땅 사용료를 어서 내도록 하여라. - 주인

▲ **편지** 양반인 주인과 노비가 훈민정음으로 편지를 써서 의사소통을 하였다.

---

① 일반 백성이나 노비도 훈민정음을 배우고 쓸 수 있었다.

② 훈민정음을 활용한 책인 『용비어천가』가 편찬되기도 했다.

③ 백성은 훈민정음을 활용해 말과 생각을 글로 자유롭게 표현할 수 있었다.

④ 나라에서 백성에게 글을 내릴 때는 훈민정음을 쓰지 않고 한자만 사용했다.

⑤ 나라에서는 훈민정음으로 쓴 『삼강행실도』로 백성에게 유교 윤리를 쉽게 알렸다.

5 다음 구조도를 보며 이 글의 내용을 정리해 보고, 빈칸에 알맞은 말을 쓰세요.

훈민정음 창제

- ☐☐☐은 우리말을 소리 나는 대로 쓸 수 있는 글자인 훈민정음을 창제하고 반포함.
- ☐☐☐☐으로 쓰인 『용비어천가』, 『삼강행실도』 등을 펴내어 정책과 유교 윤리를 백성에게 쉽게 알림.

기록 문화의 발달

- 역사서: 조선 왕조의 역사를 정리한 『☐☐☐☐☐☐』
- 지리서: 지방의 역사, 풍속 등을 기록한 『☐☐☐☐☐☐』

6 이 글과 다음 자료를 읽고, 물음에 답하세요.

조선에서는 왕이 바뀔 때마다 이전 왕의 기록을 모아 『(㉠   )』을 펴냈습니다. 이를 위해 사관들은 평소에 왕의 말과 행동을 빠짐없이 꼼꼼히 기록했습니다. 사관이 기록한 내용은 왕도 볼 수 없게 하여 공정히 쓴 내용을 함부로 고칠 수 없도록 했습니다.

* 사관 왕이 한 말과 행동을 빠짐없이 기록하는 일을 맡은 관리.

(1) ㉠에 알맞은 책 이름을 쓰세요.

㉠ - - - - - - - - - - - - - - - - - - -

(2) 조선이 역사서 편찬에 힘을 기울인 까닭을 쓰세요.

- -

강조하기 위해서입니다.

- -

03. 더불어 조선 전기에 과학 기술도 발달했어요.

정답과 해설 7쪽

그림으로 만나는
개념

천문학·역법의 발달

천문학 중시

왕과 하늘을 연결해
천문학을 중요하게 여김

과학 기구 제작

국가가 나서서
과학 기구를 만듦

천문도와 역법서

천상열차분야지도

별자리를 그린 천문도와
시간을 구분하는 역법서를 펴냄

문장으로 다지는
어휘

과학 기술
인간의 필요나 목적에 따라
과학 현상을 활용해 만든
사물이나 기술.

천문학
(하늘천 학문문 학문학)
우주에 있는 별과 행성
등을 연구하는 학문.

천문도
(하늘천 학문문 그림도)
우주에 있는 별과 행성
의 위치를 지도로 나타
낸 그림.

역법서 (달력역 법법 기록서)
우주에 있는 별과 행성의 움직임에
관한 책. 하늘의 움직임을 살펴 시
간과 날짜를 구분하는 방법을 정리
함.

조선은 건국 초부터 **과학 기술**의 발전에 힘썼어요.

특히 [   ]을 중시하여 하늘의 움직임을 관찰하고 기록했어요.

국가의 지원으로 **과학 기구**를 만들어 하늘을 관측하고 시간을 쟀지요.

그리고 별자리를 그린 [   ]와 시간을 구분하는 [   ]를 만들었어요.

농업 기술·의학의 발달

농업 기술

측우기 발명

비가 내린 양을 재서
농사에 도움을 줌

『농사직설』 편찬

우리나라 땅에 맞는
농사법을 정리함

의학

『향약집성방』 편찬

우리나라에서 나는 약재를 활용한
치료법을 정리함

의학
(치료할의 학문학)
사람의 몸에 관한 병이나
치료법, 예방법 등을 연구
하는 학문.

측우기
(헤아릴측 비우 그릇기)
조선 세종 때에 만든, 비가
내린 양을 측정하는 기구.

『농사직설』
(농사농 일사 옳을직 말씀설)
조선 세종 때, 우리나라의
기후와 토지, 각 지역의 특
성에 맞는 농사법을 정리하
여 펴낸 농사 책.

『향약집성방』 (고향향 약
약 모을집 이룰성 방법방)
조선 세종 때, 우리나라 땅에
서 나는 약의 재료를 사용하
여 병을 고치는 방법을 정리
하여 펴낸 의학 책.

조선 전기에는 **농업 기술**과 [   ] 발전에도 힘썼어요.

[   ]를 만들어서 비가 내린 양을 측정해 농사에 도움을 주었어요.

또 우리나라 땅에 맞는 농사법을 정리해 『[   ]』을 펴냈어요.

한편 『[   ]』을 펴내 병을 치료하는 방법을 소개했어요.

조선 전기에 과학 기술도 발달했어요.

▼ 다음 글을 읽고 물음에 답하세요.

**천문학·
역법의 발달**

조선 전기에는 백성의 생활을 안정시키고 나라의 힘을 키우기 위해 과학 기술 발전에 많은 노력을 기울였어요. 그중에서도 하늘의 움직임을 연구하는 천문학을 매우 중요하게 여겼지요. 조선 시대에는 왕이 하늘의 뜻을 받아 나라를 다스린다고 믿었기 때문에 천문학은 왕의 권위를 높여 주었어요. 이렇게 하늘을 관찰하여 얻은 기후 정보는 농사에 큰 도움이 되었어요.

이에 태조 때는 한반도의 옛 천문도를 참고하여 「천상열차분야지도」라는 천문도를 만들었어요. 「천상열차분야지도」는 '하늘의 모양을 차례대로 나눈 그림'이라는 뜻으로, 별자리의 위치와 모양을 그린 그림이에요. 하늘의 모습을 담은 「천상열차분야지도」는 왕의 권위를 뒷받침해 주었고, 백성에게 이성계가 하늘의 명을 받은 사람임을 보여 주었어요. 동시에 조선 건국이 정당하다는 것을 알릴 수 있었지요.

천문학은 세종 때 더욱 발전했어요. 하늘을 관측하기 위한 기구로 혼천의, 간의를 만들고, 관측한 내용을 바탕으로 조선의 실제 사정에 맞는 역법서인 『칠정산』*을 편찬했어요. 『칠정산』은 농사지을 때 기준이 되는 달력 같은 역할을 했는데, 조선의 도읍인 한양을 기준으로 계절과 절기*를 계산해 백성들이 농사짓는 데 필요한 정보를 알려 주었어요. 이는 농업의 생산성을 높이는 데 큰 역할을 했어요. 세종 때에는 정확한 시간을 알 수 있는 시계도 발명되었어요. 해시계인 앙부일구*와 물시계인 자격루*가 만들어져 사용되었지요. 천문학의 발달로 날씨의 변화와 계절의 주기를 자세하게 예측하게 되었고, 이는 농사에 큰 도움을 주었어요.

**바르게
읽기**

1 **이 글의 내용으로 알맞은 것에 ○표, 알맞지 않은 것에 ✕표를 하세요.**

(1) 조선 시대에는 천문학을 중요하게 여겼다. ( )

(2) 세종 때에 「천상열차분야지도」라는 천문도를 제작했다. ( )

(3) 세종 때 만들어진 측우기는 정확한 시간을 측정하는 데 사용되었다. ( )

(4) 세종 때에 각 지역에 맞는 농사법을 간추려 『향약집성방』을 펴냈다. ( )

천문학의 발달은 농업 발달로 이어졌어요. 대부분의 백성이 농사를 짓던 조선 시대에 농업은 백성의 생활뿐 아니라 나라의 안정을 위해서도 매우 중요했어요. 세종 때에는 측우기를 만들고, 『농사직설』을 펴냈어요. 측우기는 비가 내린 양을 측정하는 기구로, 비의 양을 보고 가뭄과 홍수에 대비할 수 있었지요. 『농사직설』은 각 지역 농부들에게 그 지역에 맞는 농사법을 묻고 이를 간추려 펴낸 책이에요. 우리나라의 기후와 땅에 맞는 농사법이 정리되어 있었으므로 농민들에게 매우 쓸모가 있었어요.

농업 기술의 발달

▲ 창덕궁에 설치되었던 측우기

농업 기술과 더불어 의학도 발전했어요. 우리나라에서 나는 약재를 활용해 치료하는 방법을 정리한 책인 『향약집성방』은 백성이 질병을 치료하는 데 큰 도움이 되었지요. 이러한 의학 발전은 백성의 건강을 지키고 조선의 의료 체계를 발전시키는 데 큰 역할을 했어요.

의학의 발달

▲ 『농사직설』

〈낱말 풀이〉 **칠정산** 해, 달, 화성, 수성, 목성, 금성, 토성 7개 천체의 운행을 계산하는 방법이라는 뜻.
절기 일 년을 스물넷으로 나눈 계절의 구분.
해시계 해가 떠 있는 동안 물체의 그림자 길이와 위치의 변화를 이용하여 시간을 재는 기계.
물시계 물이 일정한 속도로 떨어지는 것을 이용하여 시간을 재는 기계.

연결하여 **2** **조선 전기에 만들어진 책이나 그림의 내용을 알맞게 선으로 연결하세요.**
읽기

(1) 『칠정산』 •   • ㉠ 별자리의 위치와 모양을 그린 그림

(2) 『농사직설』 •   • ㉡ 한양을 기준으로 계절과 절기를 계산한 역법서

(3) 『향약집성방』 •   • ㉢ 우리나라의 기후와 땅에 맞는 농사법을 정리한 책

(4) 「천상열차분야지도」 •   • ㉣ 우리나라에서 나는 약재를 활용한 치료법을 정리한 책

3 조선 전기의 기술 발달에 대한 설명으로 알맞은 것을 고르세요.   (   )

① 앙부일구는 물시계이고, 자격루는 해시계이다.

② 천문학의 발달이 농업 발달로 이어지지 못했다.

③ 혼천의와 간의는 비가 내린 양을 측정하는 기구이다.

④ 『향약집성방』은 중국에서 나는 약재를 활용한 치료법을 정리한 책이다.

⑤ 『농사직설』은 각 지역의 농부들에게 그 지역에 맞는 농사법을 물어서 펴낸 책이다.

4 이 글과 〈보기〉를 읽고, 조선 전기 천문학 발달에 대한 설명으로 알맞지 <u>않은</u> 것을 고르세요.   (   )

〈보기〉

「천상열차분야지도」

 조선 건국 3년 후, 태조는 새로운 천문도를 만들어 조선을 세운 것이 하늘의 뜻임을 백성에게 보여 주려 했습니다. 「천상열차분야지도」는 하늘(천상)을 여러 차례 나누어(열차) 그린 그림이라는 뜻으로, 총 295개의 별자리와 1,467개의 별이 새겨져 있는데 밝기에 따라 크기가 다릅니다. 별자리는 중국이 아닌 한반도에서 관찰한 것을 기준으로 했습니다.

『칠정산』

 과거에는 중국에서 계절과 절기를 계산하는 방법을 따랐던 탓에 조선의 일식*, 월식* 예측이 잘 맞지 않았습니다. 이에 세종은 조선의 실정에 맞는 역법서인 『칠정산』을 펴냈고, 이후 일식과 월식 예측의 정확도가 높아졌습니다.

 * **일식** 달이 태양의 일부나 전부를 가림.   * **월식** 달이 지구의 그림자에 가려 일부나 전부가 가려짐.

① 『칠정산』은 중국을 기준으로 계절과 절기를 계산한 역법서이다.

② 「천상열차분야지도」는 한반도의 옛 천문도를 참고하여 만들어졌다.

③ 조선 시대에는 하늘의 움직임을 연구하는 것이 나라 운영에 중요했다.

④ 조선은 천문도를 만들어 조선 건국이 정당하다는 것을 보여 주려고 했다.

⑤ 천문학의 발달로 날씨의 변화를 예측하게 되면서 농업이 발전하게 되었다.

5 다음 구조도를 보며 이 글의 내용을 정리해 보고, 빈칸에 알맞은 말을 쓰세요.

[ ] · 역법의 발달

농업 기술 · 의학의 발달

천문학	- 하늘의 움직임을 연구하는 천문학을 중요하게 여김. - [ ]인 「천상열차분야지도」를 제작함.
역법	- 조선의 실정에 맞는 역법서인 『[ ]』이 편찬됨. - 시간을 재는 앙부일구, 자격루가 만들어짐.

농업 기술	- 비가 내린 양을 측정하는 측우기를 만듦. - 조선의 기후와 토지에 맞는 농사법을 정리한 『[ ]』을 펴냄.
의학	- 조선에서 나는 약재를 활용한 치료법을 정리한 『향약집성방』을 펴냄.

6 이 글과 다음 그림을 보고, 물음에 답하세요.

(1) 그림의 ㉠에 알맞은 기구 이름을 쓰세요.

㉠

----

(2) ㉠은 어떤 쓸모가 있었는지 쓰세요.

비가 내린 양을 측정하는 기구로,

강수량을 재는 (㉠   )

눈금자 약 2mm 단위까지 빗물을 정확하게 측정할 수 있다.

몸통 3개를 분리·조립할 수 있도록 만들어 기온이 달라져도 몸통이 변형되지 않게 하였다.

측우대 빗물이 튀어 몸통에 들어가는 것을 막아 주었다.

조선의 외교

명과 사대 외교

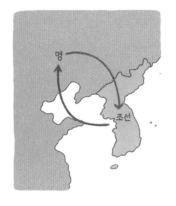

① ☐ ☐ 외교
작은 나라가 큰 나라를
받들어 섬김.

실리 추구

여진과 교린 외교

강경책　　　　회유책

② ☐ ☐ ☐ 설치
조선 세종 때 여진족을 몰아내고
만든 행정 구역.

무역소 설치

일본과 교린 외교

강경책　　　　회유책

③ ☐ ☐ ☐ 토벌
우리나라와 가까이 붙어 있는
일본의 큰 섬. 대마도라고도 부름.

3포 개항

훈민정음 창제

①◻◻◻◻ 창제

세종이 만든 우리나라
고유의 글자.

훈민정음의 활용

기록 문화의 발달

『①◻◻◻◻◻◻』

조선 태조 때부터 25대 철종까지의
역사적 사실을 적은 책.

『②◻◻◻◻◻◻』

각 도의 지리, 풍속, 인물 등을 자세하게
기록한 조선 전기의 지리서.

천문학·역법의 발달

천문학 중시

과학 기구 제작

①◻◻◻◻ 와 역법서

우주에 있는 별과 행성의 위치를
지도로 나타낸 그림.

농업 기술·의학의 발달

①◻◻◻◻ 발명

조선 세종 때에 만든,
비가 내린 양을 측정하는 기구.

『②◻◻◻◻』 편찬

조선 세종 때, 우리나라의 기후와 토지,
각 지역의 특성에 맞는 농사법을
정리하여 펴낸 농사 책.

『향약집성방』 편찬

탐구 주제 1 조선은 다른 나라와 어떻게 교류했을까?

〈자료 1〉 명과의 관계	〈자료 2〉 여진과의 관계	〈자료 3〉 일본과의 관계
명 황제의 문서에 이르기를 '금과 은이 조선에서 나지 않는다고 하니, 이제부터 조공 물품은 조선에서 나는 것으로써 성의를 다해야 할 것이다.'라고 하였다. -『세종실록』	"함경도에 여진의 출입을 허락하면 무리 지어 몰려들 걱정이 있고, 모두 금지하면 물자가 부족해진 여진이 침입할까 걱정됩니다. 함경도에 무역소를 설치하여 교역하게 하소서." -『태종실록』	좌의정 박은이 "이제 왜구가 중국에 들어가 도적질하고 섬으로 돌아오는 시기이므로, 이종무 등에게 쓰시마섬에 나가 적을 치게 하시옵소서."라고 청하였다. -『세종실록』

1 〈자료 1〉~〈자료 3〉을 읽고, ㉠~㉢에 알맞은 말을 찾아 쓰세요.

> 인아: 조선은 외교 정책으로 '사대교린'을 선택했대. 사대는 큰 나라를 섬기는 거고, 교린은 이웃 나라와 친하게 지내는 거야.
>
> 지후: 그래서 (㉠)과는 사대 관계를 맺어 조공품을 보내며 실리를 추구했구나.
>
> 윤아: 맞아. (㉡)과는 교린 관계를 맺어서 무역소에서 물건을 교환할 수 있게 했어. 하지만 이들이 국경을 넘어와서 백성을 괴롭히자 세종 때 이들을 물리치고 4군 6진을 개척했어.
>
> 민재: 일본과도 비슷했어. 왜구가 침략하자 (㉢)을 토벌하고, 이후엔 항구 세 곳을 열어 제한적으로 무역을 하게 했어.
>
> 인아: 조선은 사대교린의 외교를 통해 나라의 안정과 실리를 추구했구나.

㉠ (   )   ㉡ (   )   ㉢ (   )

2 조선 전기에는 다른 나라에 어떤 외교 정책을 펼쳤는지 다음 핵심어를 모두 넣어 쓰세요.

핵심어 (사대교린) (안정) (실리)

- -

- -

훈민정음이 활용되면서 조선에 어떤 영향을 끼쳤을까?

〈자료 1〉 **세종의 말**

　나라의 말이 중국과 달라서 한자와는 서로 통하지 않으므로 … 내가 이를 가엾게 여겨 새로 스물여덟 자를 만들었으니, 모든 사람이 쉽게 익혀 나날이 쓰기 편하게 하려 한다.

- 『(㉠)해례본』 세종이 쓴 머리글

〈자료 2〉 **정인지의 말**

　지혜로운 사람은 하루를 마치기도 전에 (㉠)을 깨우치고, 어리석은 사람이라도 열흘이면 배울 수 있다. 바람 소리, 새의 울음소리, 개 짖는 소리 등을 모두 적을 수 있다.

- 『(㉠)해례본』 정인지가 쓴 머리글

〈자료 3〉 **훈민정음의 활용**

　세종은 조선 왕조의 정당성을 내세우고자 훈민정음으로 『용비어천가』를 지어 펴내게 했습니다. 또한, 유교에서 지켜야 할 모범적인 사례를 모아 놓은 책인 『삼강행실도』도 훈민정음을 써서 만들었습니다. 하급 관리를 뽑는 시험에서는 훈민정음을 시험 과목으로 삼기도 했습니다. 이렇게 훈민정음은 점차 널리 활용되면서 우리 민족 문화가 발전할 수 있는 밑거름이 되었습니다.

1 다음을 읽고, 〈자료 1〉과 〈자료 2〉의 ㉠에 공통으로 알맞은 말을 찾아 쓰세요. (　　　　　　　)

> 　세종은 훈민정음 창제 후 집현전 학자들에게 『훈민정음해례본』을 만들게 했습니다. '해례'란 사례를 들어 풀이한다는 뜻으로, 책에는 훈민정음의 원리와 사용법 등을 담았습니다.

2 〈자료 3〉을 읽고, (가)와 (나)에 알맞은 말을 찾아 쓰세요.

(가) 『(　　　　　)』	(나) 『(　　　　　)』
조선 왕조의 정당성을 내세우고자 펴낸 책	유교에서 지켜야 할 모범적인 사례를 모아 놓은 책

3 훈민정음이 활용되면서 조선에 어떤 영향을 끼쳤는지 다음 핵심어를 모두 넣어 쓰세요.

핵심어 (활용) (민족 문화) (발전)

과학 기술 발달은 조선에 어떤 영향을 끼쳤을까?

〈자료 1〉 조선 전기에 발달한 과학 기술

(가) **자격루** 파수호에서 일정한 속도로 물을 흘려보내면 물이 차올라 잣대를 띄운다. 구슬이 굴러가 인형을 작동시키면 인형이 악기를 울려 시간을 알려 주었다. ―『동문선』

(나) **『칠정산』** 이는 한양을 기준으로 조선에서 독자적으로 제작한 역법서이다. 이를 통해 조선은 계절과 절기, 일식과 월식의 주기를 정확히 계산하고 이해할 수 있게 되었다.

(다) **앙부일구** 구리를 부어서 그릇을 만들어 모양이 가마솥과 같고, 지름에는 둥근 톱니를 설치하여 시와 분이 해에 비쳐 나타난다. 길옆에 설치하여 보는 사람이 모이도록 하였다. 이제 백성들이 일할 때를 알게 될 것이다. ―『세종실록』

(라) **「천상열차분야지도」** 태조께서 왕위에 오른 지 얼마 지나지 않아 인쇄된 천문도를 바치는 자가 있었다. 이를 귀하게 여겨 천문 일을 보는 기관에 명하여 돌에 다시 새기도록 했다. ―「천상열차분야지도」 각석 하단 권근의 글

〈자료 2〉 천문학의 중요성

조선은 천문학을 중요하게 여겼습니다. 조선 시대에는 왕이 하늘의 뜻을 받아 나라를 다스린다고 믿었고, 천문학 덕분에 농사에 필요한 정보를 얻을 수 있었기 때문입니다. 천문학의 발달로 농업의 생산성이 높아졌고, 이는 백성의 생활을 안정적으로 만드는 데 큰 역할을 했습니다.

1 〈자료 1〉을 참고하여 과학 기술과 설명이 알맞게 선으로 연결하세요.

(가) 자격루 •
(나) 『칠정산』 •
(다) 앙부일구 •
(라) 「천상열차분야지도」•

• ㉠ 별자리의 위치와 모양을 그린 그림
• ㉡ 물을 이용해 자동으로 시간을 측정하는 기구
• ㉢ 해의 그림자를 이용해 시간을 측정하는 기구
• ㉣ 한양을 기준으로 만든 조선의 독자적인 역법서

2 조선 전기 천문학의 발달이 어떤 역할을 했는지 다음 핵심어를 모두 넣어 쓰세요.

핵심어 (농업의 생산성) (백성의 생활)

탐구
주제 **4**

조선 전기에 농업 기술과 의학은 어떻게 발전했을까?

〈자료 1〉 『농사직설』

농사는 천하의 큰 근본이다. (각 지역의) 풍토가 같지 않으므로 곡식을 심고 가꾸는 법도 각각의 지역마다 알맞은 방법이 있으니, 옛 농사책을 그대로 사용할 수 없다. … 마을의 나이 든 농부를 찾아가 그들의 경험을 조사하여 산과 들의 백성도 쉽게 알도록 하였다.   - 『농사직설』

〈자료 2〉 『향약집성방』

- 우리나라 모든 의약 책들은 중국을 기준으로 삼고 있어 정작 가난한 백성들은 약초를 구할 수 없다. 우리나라에서 쉽게 구할 수 있는 약초를 정리한 책을 만들어라.   - 『세종실록』
- 우리나라의 풀과 나무에서 나는 약재는 백성의 생명을 기르고 병을 치료하는 데 모자람이 없다.
           - 『향약집성방』

---

1 〈자료 1〉과 〈자료 2〉를 읽고, ㉠~㉣에 알맞은 말을 찾아 쓰거나, 골라서 ○표 하세요.

㉠『( )』	각 지역의 농부에게 ㉢ (농사법 / 치료법)을 묻고 간추려 조선의 기후와 땅에 맞는 방법을 정리하여 펴낸 책
㉡『( )』	㉣ (조선 / 중국)에서 나는 약재를 활용한 치료법을 정리한 책

---

2 조선 전기에 농업 기술 발전에 힘을 쏟은 까닭을 다음 문장 형식에 맞게 쓰세요.

조선은 백성을 나라의 근본으로 여겼지요. 그래서 조선의 왕들은 백성의 삶을 보살피는 것을 중요시했답니다. 농업 기술 발전에 힘을 쏟은 까닭도 그 때문이에요. 백성 대다수가 농사를 지었으므로 농업 기술이 발전해야 백성들의 생활이 안정되고, 나라의 재정도 늘릴 수 있었어요.

문장 형식 백성 대다수가 농사를 지었으므로 ~ 있었기 때문입니다.

과학 기구는 조선 백성의 삶을 어떻게 바꾸어 놓았을까요?

조선 전기에는 시간이나 계절의 변화를 정확하게 알 수 있는 과학 기구가 발명되었어요.
여러 과학 기구가 발명되면서 백성들은 하루 일과와 일 년의 농사를 계획할 수 있었어요.

앙부일구로 백성들도 시간을 알 수 있게 되었어요.

조선 시대에는 정확한 시간을 알려 주는 시계가 없었기 때문에 시간을 어림잡아 계산했어요. 그래서 세종은 모든 백성이 시간을 알 수 있도록 해시계인 앙부일구를 만들었어요.

당시에는 하루를 열둘로 나누었기 때문에 앙부일구의 시계판에는 12간지 동물이 그려져 있어요. 여기에는 글을 모르는 백성들도 앙부일구에 그려진 그림을 보고 시간을 알 수 있길 바라는 세종의 배려가 담겨 있답니다.

자격루로 정확한 시간을 알 수 있게 되었어요.

한양 도성의 성문을 여닫는 시간은 철저한 규칙에 따라 운영되었어요. 이때 성문을 여닫는 시간을 정확하게 알리기 위해 물시계인 자격루를 만들었어요.

자격루는 물이 일정한 속도로 흘러내리며 정해진 시간에 종, 북, 징을 쳐서 자동으로 시간을 알려 주는 장치랍니다. 자격루 덕분에 조선 백성들은 정해진 시간에 따라 안정적으로 생활할 수 있게 되었어요.

혼천의로 별자리와 계절의 변화를 알게 되었어요.

조선 전기에는 하늘에 뜬 별의 위치와 움직임을 관찰하기 위해 천문 관측 기구인 혼천의를 만들었어요. '혼천의'는 '하늘이 움직이는 모양'이라는 뜻으로, 혼천의에 달린 두 추의 운동에 따라 추에 연결된 시계 장치가 돌아가면서 태양, 달, 수성, 금성, 화성, 목성, 토성의 위치를 측정해서 시간과 날짜를 알려 주었어요. 혼천의 덕분에 조선 사람들은 계절의 변화에 따라 농사 계획을 촘촘히 세울 수 있게 되었답니다.

간의 덕분에 우리 고유의 천문학이 발전했어요.

간의는 혼천의를 좀 더 보기 쉽게 바꾼 천문 관측 기구예요. 간의를 이용하면 북극성을 기준으로 적도의 위치를 찾은 다음 정밀하게 그려진 기준자와 별의 위치를 비교하여 별의 움직임을 관측할 수 있었어요. 별의 움직임에 따라 계절이 변화한다는 것도 알 수 있었지요. 간의로 조선의 별자리를 관측하면서, 조선 실정에 맞는 천문학을 연구할 수 있게 되었어요.

3장

성리학적 질서의 확산

01 조선에 새로운 정치 세력인 사림이 등장했어요.

02 (그리고) 사림이 성장하여 붕당을 이루었어요.

03 (이 무렵) 성리학적 질서가 널리 퍼졌어요.

04 (또한) 신분 질서가 강화되고 양반 문화가 발달했어요.

01. 조선에 새로운 정치 세력인 사림이 등장했어요.

정답과 해설 9쪽

그림으로 만나는
개념

사림의 등장

─ 성종 때 ─

(배경)
훈구의 성장

관직을 독차지하고
권력을 휘두름

성종의 사림 등용

지방에 있던 사림이
정치에 등장함

훈구를 견제하고자
사림을 등용함

사림의 훈구 비판

3사의 관리로 등용되어
훈구의 잘못을 비판함

문장으로 다지는
어휘

훈구 (공로훈 옛구)
나라에 공을 세운 신하
를 이르는 말로, 조선 시
대에 세조를 도와 권력
을 잡은 무리.

성종
조선 9대 왕. 성리학을
바탕으로 왕도 정치를 펼
쳤으며,『경국대전』을 완
성함.

사림 (선비사 모임림)
'선비들의 집단'이라는
뜻으로, 성종 대부터 관
직에 진출하며 정치 권
력을 잡은 세력.

3사 (- 살필사)
조선 시대 언론을 담당한 사헌부,
사간원, 홍문관을 합하여 부른 말.
사헌부는 관리를 감독하고, 사간원
은 왕을 일깨워 주는 일을 했으며,
홍문관은 왕을 도와주는 일을 함.

조선 전기 세조 때 [   ] 가 성장해 권력을 휘둘렀어요.

⭐ [   ] 은 훈구를 견제해 왕권을 안정시키려고 사림을 등용했어요.

[   ] 은 지방에서 성리학 연구에 힘쓰던 학자들의 제자들이에요.

사림은 주로 언론 기관인 [   ] 의 관리가 되어 훈구의 잘못을 비판했어요.

사화의 발생

연산군 때 | 중종 때

1506년

훈구와 사림의 대립　　사화 발생　　중종반정　　조광조의 개혁 실패

연산군 때 훈구와 사림의
대립이 심해짐

사화가 일어나
사림이 큰 피해를 입음

중종을 왕으로 세우고
훈구가 다시 권력을 잡음

조광조를 중심으로 한
사림이 훈구를
견제하려 했으나 실패함

연산군
조선 10대 왕. 포악한 정치를 일삼고 두 번의 사화를 일으킴. 중종반정으로 왕위에서 쫓겨남.

사화 (선비사 재앙화)
사림이 큰 피해를 입은 사건. 주로 훈구와 사림이 정치적으로 대립하면서 일어남.

중종반정
(- 돌이킬반 바를정)
연산군이 왕위에서 쫓겨나고 연산군의 이복동생인 중종이 왕위에 오른 사건.

조광조
조선 시대 사림의 대표적인 성리학자. 조선의 정치를 개혁하고자 함.

　　　　　　이 왕이 되면서 훈구와 사림의 대립이 더욱 심해졌어요.

대립 속에서 연산군이 포악한 정치를 일삼다가 　　　　가 일어났어요.

이후 훈구가 　　　　　으로 다시 권력을 잡았어요.

훈구를 견제하기 위해 사림인 　　　　가 개혁을 주장했지만 실패했어요.

조선에 새로운 정치 세력인 사림이 등장했어요.

▼ 다음 글을 읽고 물음에 답하세요.

훈구의 성장

조선은 나라의 기틀을 잡고 왕과 신하가 어우러져 정치를 펼쳐 나갔어요. 그러다 조선 전기 세조 때 훈구라고 불리는 신하들이 새롭게 힘을 얻었어요. 훈구는 세조가 어린 조카였던 단종을 몰아내고 왕이 되는 것을 도운 신하들이에요. 이들은 나라에서 많은 땅과 노비를 받는 공신*이 되었고, 왕의 친척들과도 결혼을 하면서 세력을 크게 키워 권력을 독점했어요.

사림의 등장

이후 새롭게 왕이 된 성종은 훈구를 억눌러서 왕권을 안정시키기 위해 사림을 등용했어요. 사림은 지방에서 성리학 연구에 힘쓰던 학자들의 제자들이에요. 이들은 유교에서 본래 강조하던 도덕과 의리를 중요하게 여겼어요. 또한 향촌* 자치와 왕도 정치를 외쳤어요. 향촌 자치란, 왕에게 권력이 집중되는 것이 아니라 각 지방에서 유교의 가르침에 따라 마을을 다스리는 것이에요. 그리고 왕도 정치란, 왕이 어진 덕으로 다스리는 정치이지요. 사림은 주로 언론 기관인 3사의 관리로 등용되어 훈구의 권력 독점과 부정한 행위를 강하게 비판했어요. 성종은 사림의 주장에 힘을 실어 주면서 왕권을 안정시켰어요.

사화의 발생

하지만 연산군이 왕이 되면서 상황이 바뀌었어요. 훈구와 사림의 대립이 심해지는 가운데, 연산군은 왕인 자신의 잘못까지 비판하는 사림을 못마땅하게 생각했어요. 훈구는 이 틈을 타 사림을 공격했고, 사화가 일어나 사림이 벼슬에서 쫓겨나거나 죽임을 당하며 큰 피해를 입었어요(무오사화). 그 뒤로도 연산군은 포악한 정치를 일삼으며 또 사화를 일으켰고, 이번에는 훈구도 함께 피해를 입었어요(갑자사화).

**바르게
읽기**

1 이 글의 내용으로 알맞은 것에 ○표, 알맞지 않은 것에 ✕표를 하세요.

(1) 사림은 세조가 왕이 되는 것을 도왔다.   (   )

(2) 성종은 훈구를 억눌러서 왕권을 안정시키고자 했다.   (   )

(3) 연산군이 두 차례 사화를 일으켜 사림이 큰 피해를 입었다. (   )

(4) 훈구는 현량과를 실시하고, 소격서를 없애야 한다고 주장했다. (   )

연산군의 폭정을 견디지 못한 신하들은 연산군을 몰아내고 중종을 왕위에 올렸어요(중종반정, 1506). 그리고 중종반정을 이끈 훈구가 다시 권력을 잡았지요. 중종은 힘이 커지는 훈구를 견제하기 위해 조광조를 비롯한 사림을 등용했어요. 조광조는 조선의 정치를 개혁하려 했어요. 먼저 추천을 통해 인재를 뽑는 현량과를 실시했어요. 현량과를 통해 많은 사림이 벼슬을 얻었고, 훈구를 견제할 수 있었어요. 조광조는 이어서 도교의 제사를 지내던 관청인 소격서도 없애고자 했어요. 유교를 바탕으로 하는 정치를 펼치기 위해서였지요. 이에 더해 공을 세우지 않았는데도 공신이 된 훈구 신하들의 거짓 공훈을 없애야 한다고 주장했어요. 하지만 조광조의 개혁은 훈구의 거센 반발을 불러왔고, 이는 중종에게도 부담이 되었어요. 결국 중종과 훈구는 또 한 번 사화를 일으켜 조광조를 비롯한 사림을 몰아냈어요(기묘사화).

이후 명종 때에는 왕위 계승 문제를 놓고 외척 세력 간에 갈등이 생겼는데, 이때 또 사화가 일어나 사림이 피해를 입었어요(을사사화). 하지만 사림은 네 번의 사화를 겪으면서도 중앙의 관직에 계속 진출했고, 지방에서도 세력을 키워 나갔어요.

▲ 네 차례의 사화

〈낱말 풀이〉 **공신** 나라를 위하여 특별한 공을 세운 신하.　　　**향촌** 지방의 마을.
　　　　　폭정 매우 사납고 악한 정치.　　　　　　　　　**공훈** 나라를 위하여 두드러지게 세운 공로.
　　　　　외척 어머니 쪽의 친척. 왕가에서는 국왕의 어머니 쪽 친척, 왕비나 후궁의 친척을 말함.

연결하여
읽기　**2**　**다음 사건들을 일어난 순서에 맞게 번호를 쓰세요.**

(1) 성종이 훈구를 견제하려고 사림을 등용했다.

(2) 기묘사화가 일어나 조광조를 비롯한 사림이 피해를 입었다.

(3) 연산군의 폭정을 견디지 못한 신하들이 중종반정을 일으켰다.

(4) 왕위 계승 문제로 외척 세력 간에 갈등이 생겨 을사사화가 일어났다.

(　　　) → (　　　) → (　　　) → (　　　)

3 사림에 대한 설명으로 알맞지 <u>않은</u> 것을 고르세요. ( )

① 향촌 자치와 왕도 정치를 주장했다.

② 훈구의 권력 독점과 부정을 강하게 비판했다.

③ 지방에서 성리학을 연구하던 학자들의 제자들이다.

④ 성종 때 주로 언론 기관인 3사의 관리로 등용되었다.

⑤ 여러 차례 사화를 겪으며 세력을 잃어 결국 몰락했다.

4 이 글과 〈보기〉를 읽고, 조광조의 개혁에 대한 설명으로 알맞은 것을 고르세요. ( )

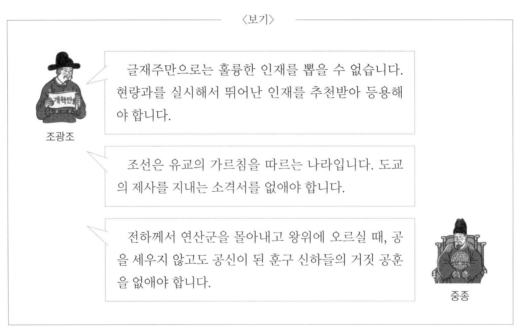

〈보기〉

조광조: 글재주만으로는 훌륭한 인재를 뽑을 수 없습니다. 현량과를 실시해서 뛰어난 인재를 추천받아 등용해야 합니다.

조선은 유교의 가르침을 따르는 나라입니다. 도교의 제사를 지내는 소격서를 없애야 합니다.

전하께서 연산군을 몰아내고 왕위에 오르실 때, 공을 세우지 않고도 공신이 된 훈구 신하들의 거짓 공훈을 없애야 합니다.

중종

① 사림의 거짓 공훈을 없애려고 했다.

② 현량과를 실시해 시험을 통해 인재를 뽑았다.

③ 현량과의 실시로 훈구의 세력이 더욱 커졌다.

④ 도교의 제사를 지내는 관청인 소격서를 만들었다.

⑤ 훈구의 거센 반발을 불러와 기묘사화가 일어나는 계기가 되었다.

5 다음 구조도를 보며 이 글의 내용을 정리해 보고, 빈칸에 알맞은 말을 쓰세요.

사림의 등장	사화의 발생

세조가 왕이 되는 데 공을 세운
☐☐☐ 가 세력을 키움.

↓

성종이 훈구를 억누르기 위해
☐☐ 을 등용함.

↓

사림이 훈구의
권력 독점과 부정을 비판함.

연산군이 포악한 정치를 일삼으며
두 차례의 ☐☐ 가 일어남.

↓

중종반정이 일어나(1506)
훈구가 권력을 잡음.

↓

중종이 등용한 사림 가운데
☐☐☐ 가 개혁을 추진함.

↓

중종과 훈구가 조광조의 개혁에
반발하여 사화를 일으킴.

---

6 이 글과 다음 자료를 읽고, 물음에
답하세요.

(1) ㉠에 알맞은 말을 쓰세요.

㉠ _____

사림이 큰 피해를 입은 사건을 (㉠)
라고 부릅니다. 훈구를 비판하며 개혁을 추
진하기도 한 사림은 연산군, 중종, 명종 때
네 차례의 (㉠)를 겪었습니다.

(2) 네 차례의 ㉠ 이후 사림은 어떻게 되었는지 쓰세요.

사림은 _____

_____

키워 나갔습니다.

_____

02. 그리고 사림이 성장하여 붕당을 이루었어요.

그림으로 만나는
개념

사림의 성장

서원 설립

지방에 서원을 세워
성리학을 연구하며 세력을 키움

향약 보급

마을 주민이 지켜야 할 규칙을
지방에 보급함

사림의 세력 확대

향촌 사회에서
사림의 영향력이 커짐

문장으로 다지는
어휘

사림 (선비사 모임림)
'선비들의 집단'이라는
뜻으로, 성종 대부터 관직
에 진출하며 정치 권력을
잡은 세력.

서원 (글서 집원)
선비들이 유학을 가르치고
제자를 기르기 위해 지방에
세운 사립 학교. 붕당이 세
력을 키우는 기반이 됨.

향약 (시골향 맺을약)
마을 주민이 지키기로 정한 규칙.
유교 윤리에 따라 생활하고, 마을의
아름다운 풍습을 지키며, 힘든 일이
있을 때 서로 도울 것을 약속함.

향촌 사회
(시골향 마을촌 -)
지방에 있는 마을이
모여 만들어진 집단.

⬚⬚⬚은 사화로 피해를 입은 후 지방에서 세력을 키워 나갔어요.

사림은 지방 곳곳에 ⬚⬚을 세워 성리학을 연구했어요.

또한 사림은 ⬚⬚을 만들어 지방에 보급했어요.

그 결과 ⬚⬚⬚⬚에서 사림의 영향력이 커졌어요.

붕당의 형성

사림의 집권

선조 때 사림이
권력을 잡음

사림 사이의 대립

이조 전랑 자리를 두고
사림 사이에 의견이 나뉨

동인과 서인으로 분열

사림이 동인과 서인으로 나뉘며
붕당이 형성됨

이조 전랑
(벼슬아치리 관청조 뽑을전 벼슬랑)
조선 시대의 관직으로, 이조의 정
랑과 좌랑을 함께 이르는 말. 3사
의 관리를 추천할 권리가 있었음.

동인 (동쪽동 사람인)
조선 시대 붕당의 한 무
리. 동인을 대표하던 김효
원의 집이 한양 동쪽에 있
다고 하여 동인으로 불림.

서인 (서쪽서 사람인)
조선 시대 붕당의 한 무
리. 서인을 대표하던 심의
겸의 집이 한양 서쪽에 있
다고 하여 서인으로 불림.

붕당 (무리붕 무리당)
조선 시대에 학문과 정
치에 대한 의견이 비슷
한 사람끼리 모인 무리.

사림은 향촌에서 세력을 키운 후 선조 때 다시 권력을 잡고 정치를 이끌었어요.

그러다가 [　　　　　]의 임명을 두고 사림 사이에 갈등이 생겼어요.

서로 다투던 사람은 결국 [　　]과 [　　]으로 나뉘었어요.

이렇게 사림은 둘로 나뉘어 [　　]을 이루었어요.

사림이 성장하여 붕당을 이루었어요.

▼ 다음 글을 읽고 물음에 답하세요.

사림의 성장

성종 때 새롭게 등장한 사림은 권력을 독차지하고 있던 훈구의 잘못을 비판하고, 여러 개혁을 시도하기도 했어요. 하지만 성공하지 못했지요. 오히려 네 차례의 사화를 겪으며 큰 피해를 입기도 했어요. 사화를 겪으며 중앙 정치에서 밀려난 사림은 지방으로 가 힘을 키웠어요. 사림은 지방에서 서원을 세우고 향약을 만들며 세력을 넓힐 수 있었답니다.

서원의 설립

서원은 사림이 세운 교육 기관이에요. 서원에서는 덕망* 높은 유학자의 제사를 지내고 성리학을 연구했어요. 더불어 지방 양반의 자식들을 가르치고 학자를 길러 냈지요. 최초로 만들어진 서원은 중종 때 주세붕이 세운 백운동 서원이에요. 백운동 서원은 명종이 직접 쓴 '소수 서원'이라는 새로운 이름의 현판*을 받았어요. 이렇게 왕이 직접 쓴 현판을 받은 서원을 사액 서원이라고 해요. 사액 서원은 나라에서 땅, 책, 노비 등을 받았고 세금이 면제되는* 혜택도 있었어요. 사림은 서원을 통해 제자들을 기르고 지방에서 공론*을 이끌며 세력을 키웠어요.

향약의 보급

한편, 향약은 마을 주민이 지키기로 정한 규칙을 말해요. 예부터 향촌에는 이웃 끼리 어려운 일을 당했을 때 서로 돕거나 농사일을 함께 하는 전통이 있었어요. 사림은 이러한 전통에 유교 윤리를 더하여 향약을 만들었지요. 사림은 향약을 향촌 사회에 널리 퍼뜨리면서 향약을 잘 지킨 사람에게는 상을 주고, 어긴 사람에게는 벌을 주었어요. 그 과정에서 사림은 향촌 사회에서 영향력을 크게 키울 수 있었어요. 이와 함께 향촌 사회에 성리학적 질서도 널리 퍼질 수 있었어요.

바르게 읽기

1 **이 글의 내용으로 알맞은 것에 ○표, 알맞지 않은 것에 ✕표를 하세요.**

(1) 사림은 지방에 서원을 세웠다. ( )

(2) 사림은 향촌 사회에 향약을 퍼뜨렸다. ( )

(3) 사림은 선조 때 권력을 잡고 중앙 정치를 이끌었다. ( )

(4) 훈구와 사림이 붕당을 이루어 동인과 서인으로 나뉘었다. ( )

사림은 서원과 향약을 통해 향촌에서 세력을 키우면서 꾸준히 벼슬에 나아갔어요. 그리고 선조 때 중앙 정치를 이끌게 되었지요. 그런데 정치 개혁을 펼치는 과정에서 사림끼리 다툼이 일어났어요. 외척 세력의 정치 참여 문제를 둘러싸고 갈등이 일어난 거예요. 그리고 이조 전랑이라는 벼슬을 누구에게 맡길 것인지를 두고 갈등이 심해졌어요. 이조 전랑은 3사의 관리와 다음 번에 이조 전랑이 될 사람을 추천할 수 있는 중요한 벼슬이었어요.

갈등 끝에 결국 사림은 동인과 서인으로 나뉘며 붕당을 이루었어요. 붕당은 학문과 정치에 대한 의견이 비슷한 사람끼리 모인 무리를 말해요. 동인은 이황과 조식, 서인은 이이와 성혼의 학문을 따르는 사람이 많았어요. 이후 동인은 이황의 학문을 따르는 남인과 조식의 학문을 따르는 북인으로 다시 나뉘었어요. 이러한 붕당은 서로의 다름을 인정하면서도 건전한 비판과 토론을 통해 조선의 정치를 이끌어 나갔어요.

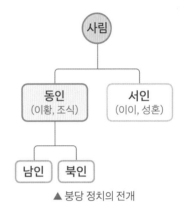

▲ 붕당 정치의 전개

〈낱말 풀이〉 **덕망** 덕 있는 행동으로 인해 세상에 이름이 널리 퍼지는 것.
현판 건물 정면에 건물의 이름을 적어 거는 나무판자.
면제되다 책임이나 의무에서 벗어나다.
공론 학문이나 나랏일을 논의하여 합의한 의견.

연결하여 읽기 **2** 다음 사건들을 일어난 순서에 맞게 번호를 쓰세요.

(1) 사림이 중앙 정치를 이끌게 되었다.

(2) 사림이 동인과 서인으로 나뉘며 붕당을 이루었다.

(3) 사림이 네 차례의 사화를 겪으며 큰 피해를 입었다.

(4) 이조 전랑 자리를 두고 사림 사이의 갈등이 심해졌다.

(   ) → (   ) → (   ) → (   )

자세히
읽기

3 서원에 대한 설명으로 알맞은 것을 고르세요. ( )

① 나라에서 세운 교육 기관이다.

② 모든 서원은 세금이 면제되었다.

③ 최초의 서원은 명종 때 주세붕이 세운 백운동 서원이다.

④ 사액 서원은 지방 양반들에게서 땅, 책, 노비 등을 받았다.

⑤ 사림은 서원을 통해 제자들을 기르고 지방에서 공론을 이끌었다.

깊이
읽기

4 이 글과 〈보기〉를 읽고, 붕당 형성에 대한 설명으로 알맞지 <u>않은</u> 것을 고르세요. ( )

───── 〈보기〉 ─────

사림 사이의 대립

　선조 때 김효원이 이조 전랑의 후보에 올랐으나, 그가 외척 윤원형과 친한 사이라며 심의겸이 반대하였다. 그 뒤에 심의겸의 동생인 심충겸이 이조 전랑으로 추천되었으나, 명종의 외척이라는 이유로 김효원이 반대하였다.

　이때 양측을 지지하는 세력이 각기 다른 주장을 내세워 서로 맞서며 '동인', '서인'으로 불리게 되었다. 김효원의 집은 한양의 동쪽, 심의겸의 집은 한양의 서쪽에 있었기 때문이다.

- 『연려실기술』

동인과 서인의 입장

　당신은 외척인 윤원형과 가까이 지내지 않았소? 당신 같은 사람은 이조 전랑이 될 자격이 없소.

　당신의 동생인 심충겸도 명종의 외척이잖소! 심충겸도 이조 전랑이 되어서는 안 됩니다!

① 이조 전랑 자리를 두고 훈구와 사림이 갈등했다.

② 사림은 동인과 서인으로 나뉘며 붕당을 이루었다.

③ 동인과 서인은 각각 김효원과 심의겸을 지지하는 세력이었다.

④ 붕당이 이루어진 이후 동인은 다시 남인과 북인으로 나뉘었다.

⑤ 남인과 북인은 각각 이황과 조식의 학문을 따르는 사람이 이룬 무리였다.

5 다음 구조도를 보며 이 글의 내용을 정리해 보고, 빈칸에 알맞은 말을 쓰세요.

사림의 성장	[　　　]의 형성

<서원의 설립>

- 서원: [　　　]이 세운 교육 기관
- 사림은 서원을 통해 제자들을 기르고 지방에서 공론을 이끌며 세력을 키움.

<향약의 보급>

- [　　] : 마을 주민들이 지키기로 정한 규칙
- 사림은 향약의 보급을 이끌면서 향촌 사회에서 영향력을 키움.

선조 때 사림이
중앙 정치를 이끌게 됨.
↓
사림 사이에서 [　　　]을
누구에게 맡길 것인지를 두고 갈등함.
↓
사림이 동인과 서인으로 나뉨.
↓
동인이 남인과 북인으로
다시 나뉨.

6 이 글과 다음 자료를 읽고, 물음에 답하세요.

- 사림은 예부터 전해 오는 향촌의 전통에 유교 윤리를 더해 (㉠)을 만들었습니다.
- (㉠)의 4대 덕목

덕업상권 착한 일은 서로 권한다.	**예속상교** 예의 바른 풍속으로 서로 사귄다.
과실상규 잘못을 서로 꾸짖는다.	**환난상휼** 어려운 일은 서로 돕는다.

(1) ㉠에 공통으로 알맞은 말을 쓰세요.　　　　　㉠ ----------------------

(2) 사림이 ㉠을 보급하면서 나타난 변화를 쓰세요.

사림은 향촌 사회에서 영향력을 크게 키울 수 있었습니다. 이와 함께

그림으로 만나는
개념

성리학적 질서의 확산

성리학 중시

백성의 일상생활에
뿌리내리게 함

성리학을 중심으로
나라의 질서를 세우고자 함

삼강오륜 보급

삼강오륜을 잘 지킨
충신, 효자, 열녀를 찾아
인정하고 칭찬함

충신, 효자, 열녀 이야기로
유교 윤리를 알린 책인
『삼강행실도』를 펴냄

문장으로 다지는
어휘

성리학
(성품성 다스릴리 학문학)
조선의 통치 이념이자
유학의 한 갈래로, 인
간의 도덕과 사회의
정의를 다루는 학문.

삼강오륜 (셋삼 법도강
다섯오 윤리륜)
유교의 도덕에서 기본
이 되는 세 가지 삶의 법
도와 다섯 가지 도리.

충신
(충성충 신하신)
나라와 임금
에게 충성하
는 신하.

열녀
(굳셀열 여자녀)
굳은 마음으로
남편을 사랑하
는 아내.

삼강행실도 (셋삼 법도강
다닐행 열매실 그림도)
우리나라와 중국의 책에서
모범이 될 만한 충신, 효자,
열녀의 이야기를 모아 그
림으로 나타낸 책.

사림이 성장하면서 [   ]적 질서도 널리 퍼지기 시작했어요.

나라에서는 백성이 유교의 [   ]을 따르게 하려고 했어요.

그래서 삼강오륜을 잘 지킨 [   ], **효자**, **열녀**를 찾아 칭찬해 주었어요.

또한 유교 윤리를 담은 책인 『[   ]』를 펴냈어요.

성리학적 질서에 따른 사회 변화

유교 예법 확산

관 혼
상 제

일반 백성까지 유교 예법에 따라
관혼상제를 치름

명분론 강조

신분과 역할에 따라
지켜야 할 도리를 강조함

신분 질서 강화

양반
중인
상민
천민

양반 중심의 신분 질서가
더욱 강해짐

유교 예법
(- 예절예 법법)
유교에서 정한 예절에 따라
지켜야 할 약속이나 법칙.

관혼상제
(갓관 혼인할혼 잃을상 제사제)
사람이 살면서 치르는 중요
한 네 가지 의식인 관례, 혼
례, 상례, 제례를 아울러 이
르는 말.

명분론
(이름명 나눌분 논할론)
각각의 신분이나 역할에 따
라 마땅히 지켜야 할 도리
가 있다는 주장.

양반 (둘양 나눌반)
조선 시대의 가장 높은 신
분. 원래 나랏일을 하는 문
반과 무반을 합쳐 양반이라
고 했으나 점차 높은 신분
전체를 가리키게 됨.

성리학적 질서가 퍼지면서 [   ]이 자리 잡았어요.

일반 백성들도 유교 예법에 따라 [   ]를 치렀어요.

또 성리학적 질서가 퍼지면서 [   ]이 강조되었어요.

명분론이 신분에 맞는 도리를 강조하면서 [   ] 중심의 신분 질서가 강해졌어요.

성리학적 질서가 널리 퍼졌어요.

▼ 다음 글을 읽고 물음에 답하세요.

**성리학적
질서의 확산**

성종 때 새롭게 등장한 정치 세력인 사림은 조선에 큰 변화를 일으켰어요. 처음에 사림은 중앙 정치에서 개혁을 꾀했지만 제대로 이루지 못했어요. 사림은 여러 번의 사화를 겪은 뒤 지방으로 내려가 향촌 사회를 변화시켰어요. 그러면서 조선이 중요하게 여긴 유교 윤리가 향촌 사회에 차츰 뿌리내리기 시작했어요.

조선은 건국 초부터 성리학의 가르침에 따라 나라를 다스리려 했어요. 성리학에서 말하는 이상적인 나라를 만들기 위해서는 왕이나 신하뿐만 아니라 평범한 백성도 유교 윤리를 따라야 하며, 일상생활에 유교 예법이 뿌리내려야 한다고 생각했지요. 그래서 나라에서는 삼강오륜을 널리 퍼뜨리고자 했어요. 삼강오륜은 유교에서 지켜야 하는 세 가지 법도와 다섯 가지 도리를 정리해 놓은 것이에요. 임금과 신하, 부모와 자식, 남편과 아내, 어른과 아이, 친구 사이에서 지켜야 할 도리를 말하지요. 그리하여 나라에서는 충신, 효자, 열녀처럼 삼강오륜을 잘 지키는 사람들을 찾아 칭찬해 주었어요. 세종 때는 모범이 될 만한 충신, 효자, 열녀의 이야기를 모아 글과 그림으로 소개한 『삼강행실도』가 만들어졌어요. 백성들은 『삼강행실도』를 보고 유교 윤리를 쉽게 배울 수 있었어요.

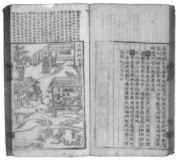

▲ 『삼강행실도』

성종 때에는 나라에서 치르는 여러 행사의 순서와 의례를 유교 예법에 맞게 정리해 『국조오례의』를 펴냈어요. 『국조오례의』를 통해 나라와 왕실이 먼저 유교 예법을 지키며 모범을 보이려 한 거예요.

**바르게
읽기**

1 이 글의 내용으로 알맞은 것에 ○표, 알맞지 않은 것에 ✕표를 하세요.

(1) 나라에서는 삼강오륜을 널리 퍼뜨리고자 했다.   (   )

(2) 조선의 일반 백성은 유교 예법을 따르지 않았다.   (   )

(3) 사림은 성리학적 질서가 퍼지는 것을 막으려고 했다.   (   )

(4) 유교의 명분론이 퍼지면서 양반 중심의 신분 질서가 단단해졌다.   (   )

사림도 성리학적 질서를 퍼뜨리는 데에 힘썼어요. 사림은 지방에 서원을 세우고 향약을 만들어 향촌 사회에 유교의 가르침이 골고루 미치게 했어요. 그리고 『주자가례』와 『소학』을 가르쳐 일반 백성까지 유교 예법을 따르게 했지요. 『주자가례』는 가정에서 지켜야 할 관혼상제의 예법을 다룬 책이에요. 관혼상제란 어른이 될 때 치르는 '관례', 결혼 의식인 '혼례', 사람이 죽었을 때 치르는 '상례', 죽은 조상에게 제사를 지내는 '제례'를 뜻해요. 『소학』은 배움을 처음 시작하는 사람이나 어린이가 배워야 할 유교의 기초와 도덕적 행동을 정리한 책이에요.

성리학적 질서에 따른 사회 변화

이렇게 성리학적 질서가 퍼지면서 유교의 명분론이 강조되었어요. 명분론은 신분이나 역할에 따라 마땅히 지켜야 할 도리가 있다는 주장이에요. 예를 들어 임금은 임금에 걸맞게 나라를 다스리고, 신하는 신하로서 임금을 받들어야 한다는 것이에요. 명분론이 백성 사이에도 퍼지면서 양반과 상민의 구분이 엄격해졌고, 양반 중심의 신분 질서가 단단해졌어요. 그리고 아버지 쪽 핏줄과 큰아들을 강조하는 가족 제도도 널리 퍼졌지요. 그러면서 가문의 혈통을 정리한 족보를 집집마다 만들게 되었어요. 또한 혼인을 할 때도 여자가 남자 집으로 시집가는 것이 일반적인 모습이 되었어요. 이렇듯 성리학적 질서의 확산은 조선 사회에 크고 작은 변화를 가져왔어요.

〈낱말 풀이〉 **의례** 행사를 치르는 일정한 방법이나 형식.

연결하여
읽기

2 **유교에 관한 책과 그 내용을 알맞게 선으로 연결하세요.**

(1) 『소학』 •   • ㉠ 가정에서 지켜야 할 관혼상제의 예법을 다룸.

(2) 『주자가례』 •   • ㉡ 모범이 될 만한 충신, 효자, 열녀의 이야기를 소개함.

(3) 『국조오례의』 •   • ㉢ 국가 행사의 순서와 의례를 유교 예법에 맞게 정리함.

(4) 『삼강행실도』 •   • ㉣ 사람들이 배워야 할 유교의 기초와 도덕적 행동을 정리함.

3 조선에 성리학적 질서가 퍼지면서 나타난 사회 변화로 알맞지 <u>않은</u> 것을 고르세요.

( )

① 양반과 상민의 구분이 느슨해졌다.

② 가문의 혈통을 정리한 족보가 만들어졌다.

③ 일반 백성도 관혼상제의 예법을 배우고 따르게 되었다.

④ 아버지 쪽 핏줄과 큰아들을 강조하는 가족 제도가 널리 퍼졌다.

⑤ 혼인을 할 때 여자가 남자 집으로 시집가는 것이 일반적인 모습이 되었다.

4 이 글과 〈보기〉를 읽고, 관혼상제에 대한 설명으로 알맞은 것을 고르세요. ( )

〈보기〉

관례는 어른이 될 때 치르는 의식입니다. 남자는 상투를 틀고, 여자는 머리를 올려 비녀를 꽂았습니다.

혼례는 결혼을 하는 의식입니다. 신랑이 신부를 집으로 데려와 시부모에게 인사드리고 예를 올렸습니다.

상례는 사람이 죽은 뒤에 치르는 장례 의식입니다. 부모님이 돌아가시면 양반들은 3년 동안 상복을 입고 무덤 옆에서 살았습니다.

제례는 조상에게 제사 지내는 의식입니다. 집 안에 사당*을 지어 조상의 신주*를 모시고 제사를 지냈습니다.

* **사당** 조상의 신주를 모셔 놓은 집.
* **신주** 죽은 사람의 넋이 깃들어 머문다고 여겼던 나무패.

① 관례는 조상에게 제사를 지내는 의식이다.

② 혼례는 결혼 의식으로, 신랑이 신부를 집으로 데려왔다.

③ 상례는 어른이 될 때 치르는 의식으로, 남자는 상투를 틀었다.

④ 제례는 장례 의식으로, 양반들은 부모가 죽으면 3년간 상복을 입었다.

⑤ 사림은 일반 백성에게 『소학』를 가르쳐 관혼상제의 예법을 따르게 했다.

5 다음 구조도를 보며 이 글의 내용을 정리해 보고, 빈칸에 알맞은 말을 쓰세요.

성리학적 질서의 확산	성리학적 질서에 따른 사회 변화
- 조선은 ⬜⬜⬜의 가르침에 따라 나라를 다스리고자 함. - 일반 백성에게 삼강오륜을 퍼뜨리고자 『⬜⬜⬜⬜』를 편찬함. - 국가 행사의 순서와 의례를 정리한 『국조오례의』를 펴냄. - 사림은 향촌 사회에서 『주자가례』와 『소학』을 가르침.	- 일반 백성도 유교 예법에 따라 ⬜⬜⬜⬜⬜의 예법을 치름. - 유교의 ⬜⬜⬜이 강조되며 양반 중심의 신분 질서가 강화됨. - 아버지 쪽 핏줄과 큰아들 중심의 가족 제도가 널리 퍼짐. - 집집마다 족보를 만듦. - 시집가는 것이 일반적인 모습이 됨.

6 이 글과 다음 자료를 읽고, 물음에 답하세요.

> 최루백은 열다섯 살 때 아버지가 호랑이에게 죽임을 당했다. … 최루백은 아버지를 해친 호랑이를 잡아 죽이고, 죽은 아버지를 호법산 서쪽에 묻었다.　　- 『(　⊙　)』

(1) 충신, 효자, 열녀의 이야기를 소개한 책인 ⊙의 이름을 쓰세요.

⊙ -

(2) ⊙을 통해 백성에게 퍼뜨린 삼강오륜의 의미를 쓰세요.

삼강오륜은

- -

정리해 놓은 것입니다.

- -

그림으로 만나는
개념

조선의 신분제

양인

천인

양반

벼슬을 얻거나
유학을 공부함

중인

관청에서 일하거나
의학이나 통역 등을 맡음

상민

주로 농사를 짓고,
물건을 만들거나 팔기도 함

천민

가장 낮은 신분으로
대부분 노비였음

문장으로 다지는
어휘

양반 (둘양 나눌반)
조선 시대의 가장 높은 신분. 원래 나랏일을 하는 문반과 무반을 합쳐 양반이라고 했으나 점차 높은 신분 전체를 가리키게 됨.

중인 (가운데중 사람인)
조선 시대 신분 중 양반과 상민 사이에 있는 중간 계층의 신분. 양반을 도와 관청에서 일하거나, 의술·통역처럼 전문적인 일을 함.

상민 (항상상 백성민)
조선 시대 신분 중 양반과 중인의 아래인 일반 백성. 상민의 대다수가 농민이었음.

천민 (천할천 백성민)
조선 시대 신분 중 가장 낮은 신분. 대부분은 노비였으며, 과거를 볼 수 없었음.

조선에 성리학적 질서가 널리 퍼지며 양반 중심의 신분 질서가 단단해졌어요.

가장 높은 신분인 [ ]은 벼슬을 얻거나 유학을 공부했어요.

[ ]은 의학, 통역 등을 맡았고, [ ]은 주로 농사를 지었어요.

가장 낮은 신분인 [ ]은 대부분 노비였어요.

조선에 성리학적 질서가 널리 퍼지면서
양반 중심의 신분 질서가 강화되었어요.
그러면서 점차 양반 문화가 발달했어요.

양반 문화의 발달

회화

산수화
자연의 아름다움을
나타낸 그림을 즐김

사군자화
사군자로 선비의
곧은 마음가짐을 나타냄

도자기

분청사기
흰색 흙으로 무늬를 꾸민
분청사기가 유행함

백자
선비 정신이 드러나는
백자가 유행함

산수화 (산산 물수 그림화)
산과 물이 어우러진 자연의
아름다움을 그린 그림.

사군자화
(넷사 군자군 사람자 그림화)
사군자(매화, 난초, 국화,
대나무의 네 가지 식물)를
그린 그림.

분청사기
(가루분 푸를청 모래사 그릇기)
회색 흙 위에 흰색 흙으로
무늬를 꾸민 도자기.

백자 (흰백 사기그릇자)
하얀 바탕흙 위에 투명한
유약을 발라 구워 만든 도
자기.

조선 전기에는 양반 문화가 발달하여 그림과 도자기가 유행했어요.

양반들은 [   ]와 [   ]를 즐겼어요.

도자기는 처음에 다양한 무늬를 꾸민 [   ]가 유행했어요.

그러다가 선비 정신이 드러나는 희고 깨끗한 [   ]가 유행했어요.

신분 질서가 강화되고 양반 문화가 발달했어요.

▼ 다음 글을 읽고 물음에 답하세요.

조선은 사회에 성리학적 질서를 세우고 유교 윤리를 널리 알리려고 노력했어요. 차츰 일반 백성도 유교 윤리를 따르게 되었고, 그러면서 각자의 신분에 충실해야 한다는 유교의 명분론이 강조되었지요. 신분이나 역할에 따른 구분이 엄격해지면서 양반 중심의 신분 질서가 더 단단하게 자리 잡았어요.

조선의 신분제

조선의 신분제는 원래 양천제였어요. 양천제란 모든 백성을 양인 또는 천인으로 나누는 신분 제도를 말해요. 그런데 실제 생활에서는 신분이 네 개로 나뉘었어요. 양인은 양반, 중인, 상민으로 나뉘었고, 천인은 천한 대접을 받아 천민으로 불렸어요. 그리고 유교의 명분론이 강해지면서 양인 안에서도 양반과 나머지 계층이 다시 엄격하게 나뉘었어요. 양인은 나라에 세금도 내고 과거도 볼 수 있었지만, 양반 신분이 아니면 과거에 합격해 높은 관직에 오르기는 어려운 일이었어요.

가장 높은 신분인 양반은 관직을 얻어 나랏일을 하거나 유학을 공부했어요. 양반 아래 중인은 관청에서 높은 관리를 도와 일하거나 의학이나 법률, 통역과 관련된 일을 맡기도 했어요. 상민은 주로 농사를 지으며 살았고, 물건을 만들거나 파는 사람들도 있었어요. 가장 낮은 신분이었던 천민은 대부분 노비였어요. 노비는 재산처럼 여겨져서 사고팔 수도 있었어요. 이들은 관청에 속하거나 양반집에 속해 허드렛일을 하거나 주인에게 돈이나 물건을 바쳐야 했고, 과거를 볼 수도 없었어요. 노비 말고도

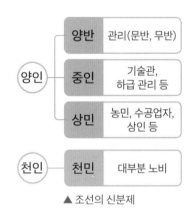

▲ 조선의 신분제

바르게 읽기

1 이 글의 내용으로 알맞은 것에 ○표, 알맞지 않은 것에 ✕표를 하세요.

(1) 성리학적 질서가 퍼지며 양인과 천인이 평등해졌다. ( )

(2) 유교의 명분론이 강해지며 양반과 나머지 계층이 엄격하게 나뉘었다. ( )

(3) 조선 전기에 양반들은 유교의 가르침에 따라 화려한 문화 예술을 즐겼다. ( )

(4) 16세기 이후에는 선비의 욕심 없는 됨됨이를 보여 주는 백자가 유행했다. ( )

백정[*]이나 광대, 무당도 천민에 속했답니다.

양반 문화의
발달

　　조선 전기에는 양반들이 즐기는 문화도 꽃을 피웠어요. 양반들은 유교의 가르침에 따라 검소한[*] 문화 예술을 좋아했어요. 특히 그림이나 도자기 등에 이러한 특징이 잘 나타나요.

　　양반들은 산수화처럼 자연의 아름다움을 나타낸 그림을 즐겼어요. 안견은 아름다운 이상 세계를 「몽유도원도」에 담았어요. 강희안은 「고사관수도」에서 자연 속에서 여유로움을 즐기는 선비의 모습을 나타냈어요. 사군자화도 양반들 사이에서 많이 그려졌어요. 사군자화는 매화, 난초, 국화, 대나무를 그린 그림을 말해요. 이렇게 나쁜 환경 속에서도 어려움을 이겨 내고 싹을 틔우거나 꽃을 피우는 식물들을 그려서 선비의 올곧은 마음가짐을 나타내고자 했지요.

　　도자기 예술에서는 분청사기와 백자가 많이 만들어졌어요. 15세기까지는 바탕 흙 위에 흰색 흙으로 다양한 무늬를 꾸민 분청사기가 유행했어요. 그러다가 16세기 이후에는 백자가 유행했어요. 깨끗하고 단순한 형태의 백자는 선비의 욕심 없는 깨끗한 됨됨이를 보여 주어요. 도자기 예술에서도 그림에서와 마찬가지로 유교의 가르침을 따르는 양반 문화의 특징이 잘 드러난답니다.

〈낱말 풀이〉　**백정**　조선 시대 천민 신분 중 하나. 대부분의 백정은 소, 돼지 등 가축을 잡는 일을 함.
　　　　　　검소하다　사치하지 않고 꾸밈이 없다.

연결하여
읽기　**2**　**조선 시대 각 신분에 따른 역할을 알맞게 선으로 연결하세요.**

(1) 양반 •　　　　　　• ㉠ 주로 농사를 지음.

(2) 중인 •　　　　　　• ㉡ 관직을 얻어 나랏일을 하거나 유학을 공부함.

(3) 상민 •　　　　　　• ㉢ 관청에 속하거나 양반집에 속해 허드렛일을 함.

(4) 천민 •　　　　　　• ㉣ 관청에서 일하거나 의학, 법률, 통역과 관련된 일을 하기도 함.

3 조선 전기의 양반 문화에 대해 알맞지 <u>않은</u> 것을 고르세요. ( )

① 안견은 이상 세계를 담은 「몽유도원도」를 그렸다.

② 유교의 가르침에 따른 검소한 문화 예술이 유행했다.

③ 양반들은 사군자화로 선비의 올곧은 마음가짐을 나타내고자 했다.

④ 16세기 이후에 유행한 분청사기는 선비의 욕심 없는 됨됨이를 보여 준다.

⑤ 「고사관수도」에는 자연 속에서 여유로움을 즐기는 선비의 모습이 나타나 있다.

4 이 글과 〈보기〉를 읽고, ㉠과 같은 신분에 대한 설명으로 알맞은 것을 고르세요. ( )

─────── 〈보기〉 ───────

조선 시대에 (㉠)은 주로 농사를 지었습니다. 농사지은 쌀 중에서 일부를 세금으로 나라에 바쳐야 했으며, 군역이나 요역의 의무를 지고 군대를 가거나 국가에서 하는 건설 공사에 동원되기도 했습니다. 또한 왕실이나 관청에서 필요로 하는 지역 특산물을 바쳐야 하는 의무도 있었습니다.

① 과거를 볼 수 있었다.

② 양인 중 가장 높은 신분이었다.

③ 재산처럼 여겨져서 사고팔 수 있었다.

④ 의학이나 법률, 통역에 관련된 일을 맡았다.

⑤ 백정이나 광대, 무당 등이 포함된 계층이다.

5 다음 구조도를 보며 이 글의 내용을 정리해 보고, 빈칸에 알맞은 말을 쓰세요.

조선의 신분제

- 원래 양천제였으나 실제로는 양반, 중인, 상민, 천민의 네 신분으로 구분됨.
- ☐☐☐은 관직을 얻거나 유학을 공부함.
- 중인은 높은 관리를 도와 일하거나 의학, 통역 등을 맡음.
- ☐☐☐은 주로 농사를 지음.
- 천민은 대부분 노비였음.

양반 문화의 발달

- 조선 전기에 양반 중심의 문화가 발달함.
- 양반들은 유교의 가르침에 따라 검소한 문화를 즐김.
- 사군자를 그린 ☐☐☐☐가 유행함.
- 15세기까지는 분청사기, 16세기 이후 ☐☐☐가 유행함.

6 이 글과 다음 자료를 보고, 물음에 답하세요.

- 유행 시기
14~15세기

- 특징
바탕흙 위에 흰색 흙으로 무늬를 칠함.

㉠

㉡

- 유행 시기
16세기 이후

- 특징
흰색 흙으로 빚어 투명한 유약을 발라 구움.

(1) ㉠과 ㉡에 알맞은 도자기의 종류를 쓰세요.

㉠ _____ ㉡ _____

(2) 조선 전기 도자기 예술의 특징을 쓰세요.

조선 전기 도자기 예술에서는 _____

_____

사화의 전개

①〔　　　〕**의 등장**

'선비들의 집단'이라는 뜻으로,
성종 대부터 관직에 진출하며
정치 권력을 잡은 세력.

②〔　　　〕**와 사림의 대립**

나라에 공을 세운 신하를 이르는 말로,
조선 시대에 세조를 도와
권력을 잡은 집단.

붕당의 형성

사림의 세력 확대

사림 사이의 대립

동인과 ①〔　　　〕**으로 분열**

조선 시대 붕당의 한 무리.
무리를 대표하던 심의겸의 집이
한양 서쪽에 있다고 하여 붙여진 이름.

성리학적 질서의 확산과 사회 변화

①〔　　　　　〕**보급**

유교의 도덕에서 기본이 되는
세 가지 삶의 법도와 다섯 가지 도리.

유교 예법 확산

②〔　　　〕**강조**

신분이나 역할에 따라 지켜야 할
도리가 있다는 주장.

1506년

③ ⬚⬚ 의 발생

사림이 큰 피해를 입은 사건.
주로 훈구와 사림이
정치적으로 대립하면서 일어남.

중종반정

조광조의 개혁 실패

조선의 신분제

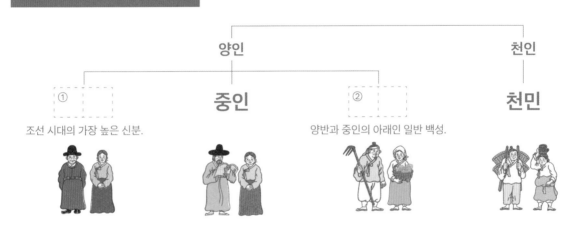

양인

천인

① ⬚⬚

조선 시대의 가장 높은 신분.

중인

② ⬚⬚

양반과 중인의 아래인 일반 백성.

천민

양반 문화의 발달

회화

산수화

① ⬚⬚

사군자(매화, 난초, 국화,
대나무)를 그린 그림.

도자기

분청사기

② ⬚⬚

하얀 바탕흙 위에 투명한
유약을 발라 구워 만든 도자기.

탐구 주제 1 조광조는 어떤 개혁 정책을 추진하려 했을까?

〈자료〉 **조광조의 개혁 정책**

조광조가 아뢰기를 "우리나라는 땅이 작아 원래 인물이 적은 데다가 신분을 따져 뽑습니다. 옛날 중국 한나라에서 실시했던 인재 추천 제도를 본받아 현량과를 실시한다면, 현명한 인재를 얻을 수 있을 것입니다." -『중종실록』

조광조가 아뢰기를 "성리학의 나라인 조선에서 도교 제사를 지낼 수 없습니다. 도교 행사를 진행하는 소격서를 없애야 합니다. 또한 도교식 제사도 금지해야 합니다." -『중종실록』

조광조가 아뢰기를 "연산군을 몰아낼 때 공이 있었다면 공신으로 기록되는 게 맞지만, 이들은 공이 없습니다. 이들을 공신으로 대우하게 되면 이들은 자신의 이익을 좇을 것입니다. 따라서 거짓 공훈을 삭제해야 합니다." -『중종실록』

1 〈자료〉를 보고, ㉠~㉢에 알맞은 말을 찾아 쓰세요.

중종은 훈구를 견제하기 위해 조광조를 등용했습니다. 조광조는 개혁을 펼치며 추천을 통해 인재를 뽑는 (㉠   )를 실시했습니다. 이로 인해 많은 사람이 벼슬을 얻었고, 훈구를 견제할 수 있었습니다. 또한 조광조는 유교를 바탕으로 하는 정치를 펼치고자 (㉡   )를 없애려고 했습니다. 이에 더해 공을 세우지 않고도 공신이 된 훈구 신하들의 (㉢   )을 없애야 한다고 주장했습니다. 하지만 조광조의 개혁은 훈구의 거센 반발을 불러왔고, 중종에게도 부담이 되어 결국 실패했습니다.

㉠ (   ) ㉡ (   ) ㉢ (   )

2 중종이 조광조를 등용한 까닭과 조광조의 개혁의 결과를 다음 문장 형식에 맞추어 쓰세요.

문장 형식 중종은 ~ 위해 조광조를 등용했습니다. 하지만 조광조의 개혁은 ~.

- -

- -

탐구 주제 2 붕당은 조선 정치에서 어떤 역할을 했을까?

〈자료 1〉 붕당의 형성

선조 때 김효원이 이조 전랑의 후보에 올랐으나, 그가 외척 윤원형과 친한 사이라며 심의겸이 반대하였다. … 양측을 지지하는 세력이 서로 맞서며 '동인', '서인'으로 불리게 되었다. 김효원의 집은 한양의 동쪽, 심의겸의 집은 서쪽에 있었기 때문이다. - 『연려실기술』

〈자료 2〉 동인과 서인으로 나뉜 사림

(㉮   )이 본격적으로 형성된 것은 선조 대 이조 전랑의 임명 문제 때문이었습니다. 이때 사림은 각자의 입장에 따라 동인과 서인으로 나뉘어 붕당을 이뤘습니다. 김효원의 의견을 따랐던 동인 중에는 이황과 조식의 학문을 따르는 사람이 많았고, 심의겸의 의견을 따랐던 서인 중에는 이이와 성혼의 학문을 따르는 사람이 많았습니다. 동인과 서인으로 나뉜 사림은 학문과 정치에 대한 입장이 달랐지만 상대 붕당의 입장을 존중했습니다. 서로의 다름을 인정하면서 건전한 비판과 토론을 통해 조선의 정치를 이끌어 나갔습니다.

1 〈자료 1〉과 〈자료 2〉를 보고, 〈자료 2〉의 ㉮에 알맞은 말을 찾아 쓰세요.

㉮ (   )

2 〈자료 1〉과 〈자료 2〉를 보고, ㉠과 ㉡에 알맞은 말을 찾아 쓰세요.

붕당	동인	(㉠)
붕당을 형성한 이유	(㉡)의 임명 문제	
학문적 입장	이황, 조식	이이, 성혼

3 붕당은 조선의 정치에서 어떤 역할을 했는지 다음 핵심어를 모두 넣어 쓰세요.

핵심어 (다름을 인정) (비판) (토론)

사림은 어떻게 성리학적 질서를 퍼뜨렸을까?

〈자료 1〉 **향약의 보급**

향약은 마을 주민이 지키기로 정한 규칙을 말합니다. 사림은 향약을 잘 지킨 사람에게는 상을 주고, 어긴 사람에게는 벌을 주는 방법으로 향촌 사회에 성리학적 질서가 널리 퍼지도록 했습니다.

〈자료 2〉 **유교 윤리의 확산**

사림은 지방에서 유교 윤리를 널리 알리고자 노력했습니다. 그리하여 일반 백성에게 가정에서 지켜야 할 관례, 혼례, 상례, 제례 등 관혼상제의 예법을 정리한 『주자가례』와, 어린이와 배움을 처음 시작하는 이들이 실천해야 할 행동 규범을 정리한 『소학』을 보급해 나라에 성리학적 질서가 자리 잡게 하였습니다.

1 〈자료 2〉를 보고, ㉠과 ㉡에 알맞은 말을 찾아 쓰세요.

『(㉠)』의 예법을 따르는 모습

▲ **관례** 20세가 되면 성인이 되는 의식을 치렀다.

▲ **혼례** 신랑이 신부를 집으로 데려와 혼인을 치렀다.

이황이 아뢰기를 "옛날 사람들은 먼저 『(㉡)』을 읽어 배움의 바탕을 다졌습니다. … 이 책은 어린이들뿐만 아니라 어른도 읽어야 할 책입니다." 라고 하였다.

- 『선조실록』

㉠ (   )   ㉡ (   )

2 사림이 조선 사회에 어떻게 성리학적 질서를 퍼뜨렸는지 다음 핵심어를 모두 넣어 두 문장으로 쓰세요.

핵심어   첫째: (향약) (상) (벌) / 둘째: (일반 백성) (『주자가례』) (『소학』)

첫째,
- -

둘째,
- -

조선 시대 양반들은 어떤 문화 예술을 좋아했을까?

〈자료 1〉 **분청사기와 백자**

　　조선 전기에는 양반 중심의 문화가 발달했습니다. 양반들은 유교의 가르침에 따라 생활과 문화에서 검소함을 강조했습니다. 그래서 화려한 청자 대신 실용적인 분청사기와 백자를 사용했습니다. 14~15세기에는 다양한 무늬가 특징인 분청사기를 주로 만들었고, 16세기 이후에는 깨끗하고 단순한 형태의 백자가 양반의 덕목에 걸맞다고 여겨져 인기를 끌었습니다.

◀ 분청사기

백자 ▶

〈자료 2〉 **사군자화**

　　양반들은 매화, 난초, 국화, 대나무의 사군자를 그려 선비의 마음가짐을 표현하기도 했습니다. 나쁜 환경 속에서도 어려움을 이겨 내고 싹을 틔우거나 꽃을 피우는 식물들을 그려서 선비의 올곧은 마음을 나타내고자 했습니다.

1　〈자료 1〉과 〈자료 2〉를 보고, ㉠과 ㉡에 알맞은 말을 찾아 쓰세요.

 양반들은 매화, 난초, 국화, 대나무의 (　㉠　)를 선비가 따라야 할 이상적인 모습으로 생각하여 즐겨 그렸습니다.

 흰색 흙으로 빚고 투명한 유약을 발라 구운 (　㉡　)는 깨끗하고 단순한 형태로 선비의 욕심 없는 깨끗한 됨됨이를 보여 줍니다.

㉠ (　　　　　　　)　㉡ (　　　　　　　)

2　조선 시대 양반들은 사군자화를 그려 어떤 것을 나타내고자 했는지 쓰세요.

핵심어　(선비) (올곧은 마음)

- -

- -

조선의 이름난 서원에는 어떤 곳들이 있었을까요?

조선 전기에는 지방 곳곳에 저마다 뛰어난 유학자를 기리는 서원이 생겨났어요.
그중에서도 특색 있는 서원들은 사람들의 입소문을 타고 유명해지기도 했어요.

절이 있던 자리에 세워진 소수 서원

소수 서원은 조선 최초의 서원이에요. 주세붕이 안향의 학문을 기리기 위해 세운 소수 서원은 원래 '백운동 서원'이라는 이름으로 불렸지요. 이후에 명종이 직접 이름을 고치고 현판을 내려 주면서 소수 서원으로 불리게 되었어요. 이곳은 본래 신라 때 지어진 유서 깊은 사찰인 '숙수사'가 있던 곳이에요. 숙수사가 없어진 자리에 백운동 서원이 들어섰고, '숙수'의 이름을 변형하여 '소수'라는 이름이 붙었다고도 해요.

검소한 선비 정신이 담긴 도산 서원

도산 서원은 퇴계 이황의 학문과 덕행을 기리는 서원이에요. 또한, 선조 때 한석봉이 직접 쓴 글씨로 현판을 받으며 사액 서원이 되었어요. 이황은 관직에서 물러나 학문을 연구하고 제자를 기르기 위해 도산 서원을 세웠어요. 이곳은 전체적으로 간결하고 검소하게 꾸며졌으며, 이황의 품격과 학문을 공부하는 선비의 마음가짐을 잘 드러내고 있어요.

학문에 대한 열정이 느껴지는 병산 서원

병산 서원은 도산 서원과 함께 안동에 자리잡고 있어요. 이곳은 유학자인 유성룡을 기리는 곳이에요. 병산 서원은 고려 때 세워진 풍악 서당에서 시작되었어요. 그 후 200년이 지나 유성룡이 유생들을 모아 이곳으로 옮겨 왔고, 그가 죽은 뒤에는 이곳에 위패를 모셔 기렸어요. 후에 철종 때 병산 서원으로 고쳐 부르게 되었답니다.

지역민을 하나로 모은 무성 서원

무성 서원은 신라 후기의 유학자인 최치원과 조선 중종 때 관리였던 신잠을 모시는 서원이에요. 이곳은 한적한 곳에 있는 다른 서원들과는 다르게 마을 한가운데에 자리 잡고 있어요. 이는 무성 서원이 지역민과 더 가까이 소통하려고 했다는 것을 보여 주어요. 또한, 무성 서원은 우리나라 최초의 향약인 고현동 향약을 시행했고, 일제 강점기에 최익현을 중심으로 호남 지역에서 최초로 의병을 모은 역사적인 현장이기도 하답니다.

4장

왜란과 호란

01. 일본이 조선을 침략해 왜란이 일어났어요.

정답과 해설 14쪽

그림으로 만나는
개념

임진왜란

(배경)	1592년		
일본의 통일	**일본의 침략**	**선조의 피란**	**명의 지원**
도요토미 히데요시가 일본을 통일함	일본이 조선에 쳐들어와 임진왜란이 일어남	선조가 한양을 떠나 의주로 피란함	명이 지원군을 보내 조선을 도움

문장으로 다지는
어휘

일본
아시아 동쪽에 있는 섬나라. 우리나라와 가까이 있어 예부터 전쟁을 하거나 문화를 교류하는 등 영향을 주고받음.

임진왜란 (- 일본왜 어지러울란)
일본이 1592년(임진년)에 조선을 침략한 일. 명을 공격하러 가는 길을 빌려 달라는 구실로 쳐들어옴.

피란
(피할피 어지러울란)
전쟁과 같은 난리를 피해 옮겨 감.

지원군
(지탱할지 도울원 군사군)
전투에서 자기편을 도와 싸우는 군대.

16세기 말에 도요토미 히데요시가 혼란하던 **일본**을 통일했어요.

⭐ 그런 다음 일본이 조선에 쳐들어와 [   ]이 일어났어요.

일본의 침략에 선조는 한양을 떠나 의주로 [   ]하면서 명에 도움을 요청했어요.

명은 [   ]을 보내 조선을 도왔어요.

조선이 세워진 이후 오랫동안 평화가 이어지다가
16세기 말 일본이 조선을 침략하면서 임진왜란이 일어났어요.
하지만 바다와 육지에서 수군과 의병이 일본군을 무찔렀어요.

수군과 의병의 활약

수군

이순신

이순신이 이끄는 수군이
바다에서 잇따라 이김

의병

곽재우

곽재우 등이 의병을 일으켜
전국 곳곳에서 맞서 싸움

관군

권율

권율이 관군을 이끌고
행주산성에서 크게 이김

이순신
조선의 장군. 왜란이 일어
났을 때 수군을 이끌고 일
본군을 물리치는 데 큰 공
을 세움.

수군 (물수 군사군)
조선 시대에, 바다를 지키
던 군대.

의병 (옳을의 병사병)
외적의 침략에 맞서 백성이
스스로 모여 만든 군대.

관군 (관청관 군사군)
나라에서 만들어 정식으로
운영하는 군대.

일본에 밀리던 조선은 수군과 의병의 활약으로 상황을 뒤집었어요.

바다에서는 **이순신**이 이끄는 ☐☐☐이 여러 차례 승리했어요.

육지에서는 **곽재우** 등이 ☐☐☐을 일으켜 일본군에 맞서 싸웠어요.

행주산성에서 **권율**이 이끄는 ☐☐☐이 크게 승리하기도 했어요.

일본이 조선을 침략해 왜란이 일어났어요.

▼ 다음 글을 읽고 물음에 답하세요.

조선은 나라를 세운 후 200여 년간 큰 전쟁 없이 지냈어요. 중국의 명은 섬기고, 이웃한 여진이나 일본과는 때로는 평화롭게 지내고 때로는 토벌하며 잘 지냈지요. 그런데 16세기 말, 상황이 달라졌어요. 일본은 여러 세력으로 갈라져 있어 힘이 약했는데, 도요토미 히데요시가 일본을 통일한 거예요. 도요토미 히데요시는 일본의 혼란을 다스리며 조선에 쳐들어올 계획을 세웠어요.

임진왜란

도요토미 히데요시는 1592년(임진년)에 조선에 쳐들어와 임진왜란을 일으켰어요. 일본은 명을 공격하기 위해 조선을 지나가야 하니 길을 빌려 달라는 구실로 조선을 침입한 것이에요. 오랫동안 평화를 누리던 조선은 전쟁에 대한 대비가 부족했고, 일본이 많은 군사를 이끌고 오자 제대로 대응하지 못했어요. 더구나 일본은 새로운 서양식 무기인 조총으로 무장하고 있었어요. 조총을 앞세운 일본군은 부산을 무너뜨리고 계속 한반도 위쪽으로 올라왔어요. 선조는 여진과의 싸움에서 많은 승리를 거뒀던 신립을 충주로 보냈어요. 하지만 신립마저 일본을 막지 못하자, 선조는 도읍인 한양을 지키지 못할 것이라고 판단해 급히 피란을 갔어요. 평양으로 갔다가 북쪽 의주까지 옮겨 갔지요. 전쟁이 시작된 지 20여 일 만에 한양과 평양을 모두 빼앗긴 조선은 결국 명에 도움을 요청했어요. 명은 일본이 중국 땅으로 쳐들어오는 것을 막기 위해 지원군을 보내서 조선을 돕기로 했어요.

수군과 의병의 활약

전쟁 초반에 조선은 일본군에 계속 밀렸지만, 수군과 의병의 활약으로 전쟁의 흐름이 조선에 유리해졌어요. 이순신이 이끄는 수군은 옥포에서 첫 승리를 거둔 뒤 연이어 이겼고, 한산도에서 일본군을 크게 무찔렀어요(한산도 대첩). 이순신은 전쟁이

바르게 읽기

1 이 글의 내용으로 알맞은 것에 ○표, 알맞지 않은 것에 ×표를 하세요.

(1) 일본을 통일한 도요토미 히데요시가 임진왜란을 일으켰다.　　　　　(　　　)

(2) 일본은 새로운 무기인 조총으로 무장하고 조선에 쳐들어왔다.　　　　(　　　)

(3) 바다를 통해 무기와 식량을 나르려던 일본의 계획은 성공했다.　　　　(　　　)

(4) 행주 대첩 이후 일본은 전쟁을 멈추자는 휴전 협상을 제안했다.　　　　(　　　)

일어나기 전부터 일본의 침략에 대비했고, 전쟁이 터지자 판옥선과 거북선을 앞세워 일본군을 무찌르며 서남해와 전라도 지역을 지켜 냈어요. 그러면서 바다로 무기와 식량을 나르려던 일본의 계획을 무너뜨렸지요.

한편, 전국에서 전직 관리*, 유학자, 승려 등이 백성을 모아 의병을 일으켰어요. 이들은 자신이 나고 자란 마을의 지리에 밝았어요. 그래서 곽재우, 고경명 등 의병은 익숙한 지리를 활용한 전술로 일본군에게 큰 피해를 줄 수 있었지요.

▲ 임진왜란의 주요 격전지

수군과 의병이 일본군과 싸우는 동안 관군도 다시 싸울 준비를 했어요. 곧 진주에서는 김시민이 관군을 이끌고 의병과 힘을 합쳐 일본군을 크게 무찔렀어요(진주 대첩). 이로써 육지로 나아가려던 일본의 계획도 실패했어요. 거기다 명의 지원군이 도착하면서 전세가 뒤집혔어요. 마침내 조선과 명의 연합군이 평양을 되찾았고, 권율도 관군을 이끌고 행주산성에서 백성들과 함께 싸워 일본군을 크게 무찔렀지요(행주 대첩). 조선의 반격에 놀란 일본은 행주 대첩 이후 조선과 명에 전쟁을 멈추자는 휴전 협상을 제안하기에 이르렀어요.

〈낱말 풀이〉 **판옥선** 조선 시대에, 배의 네 귀퉁이에 기둥을 세워 그 위를 판판한 나무로 덮은 전투용 배.
          전직 관리 이전에 벼슬을 하다 물러난 사람.

연결하여
읽기 **2** **임진왜란 때 있었던 전투에 관한 설명을 알맞게 선으로 연결하세요.**

(1) 진주 대첩 •

•㉠ 이순신이 이끄는 수군이 일본군을 이긴 전투

(2) 행주 대첩 •

•㉡ 권율이 이끄는 관군과 백성이 일본군을 이긴 전투

(3) 한산도 대첩 •

•㉢ 김시민이 이끄는 관군과 의병이 일본군을 이긴 전투

자세히
읽기

3 임진왜란에 대한 설명으로 알맞은 것을 고르세요.   (   )

① 명은 조선에 지원군을 보내지 않았다.

② 선조는 한양에서 일본군에게 사로잡혔다.

③ 신립은 충주에서 일본군을 크게 무찔렀다.

④ 의병은 일본군에게 큰 피해를 주지 못했다.

⑤ 권율이 이끈 관군은 일본군과 싸워 크게 이겼다.

깊이
읽기

4 이 글과 〈보기〉를 읽고, 임진왜란 때 조선 수군의 무기와 활약에 대한 설명으로 알맞지 <u>않</u><u>은</u> 것을 고르세요.   (   )

〈보기〉

　　조선 수군은 이순신의 전술과 다양한 무기를 활용하여 일본군을 연달아 이길 수 있었습니다. 조선 수군은 판옥선과 거북선을 타고 일본군과 싸웠습니다. 판옥선은 바닥이 평평하여 배의 방향을 빠르게 바꿀 수 있었고, 많은 화포를 달 수도 있었습니다. 또한, 판옥선을 고쳐 만든 거북선은 적에게 거침없이 나아가 적을 흩뜨리는 역할을 했고, 앞뒤 양옆으로 모두 화포를 쏠 수 있었습니다.

　　조선 수군이 배에 달아 사용한 화포는 일본군의 조총보다 공격 거리가 훨씬 멀고, 파괴력도 강해 한 번에 많은 적군을 죽일 수 있었습니다. 화포에는 포탄을 넣어 쏘았는데, 이 가운데 비격진천뢰는 큰 소리와 함께 폭발하면서 수많은 쇳조각들을 쏟아내며 적을 공격해 일본군을 두려움에 떨게 만들었습니다.

 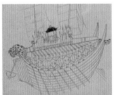 

▲ 판옥선　　　　▲ 거북선　　　　▲ 천자총통(화포)　　　▲ 비격진천뢰

① 조선 수군은 한산도에서 첫 승리를 거두었다.

② 판옥선과 거북선은 모두 화포를 쏠 수 있었다.

③ 거북선은 적에게 나아가 적을 흩뜨리는 역할을 했다.

④ 조선 수군의 활약으로 서남해와 전라도 지역을 지켜 냈다.

⑤ 화포는 일본군의 조총에 비해 쏠 수 있는 거리가 멀고 파괴력도 강했다.

구조로
정리하기

5 다음 구조도를 보며 이 글의 내용을 정리해 보고, 빈칸에 알맞은 말을 쓰세요.

임진왜란	수군과 의병의 활약

일본을 통일한 도요토미 히데요시가
조선에 쳐들어와
☐☐☐☐을
일으킴(1592).

↓

부산과 충주가 무너지며
선조가 의주까지 ☐☐☐함.

↓

조선이 명에
지원군을 요청함.

수군	- ☐☐☐☐이 이끄는 수군이 옥포에서 첫 승리를 거둠. - 한산도 대첩으로 일본군을 크게 무찌름.
의병	- 전직 관리, 유학자, 승려 등이 백성을 모아 의병을 일으킴. - 곽재우, 고경명 등이 크게 활약함.
관군	- 김시민이 진주에서 일본군을 무찌름. - 권율이 ☐☐☐☐☐으로 일본군을 크게 무찌름.

서술형
쓰기

6 이 글과 다음 자료를 읽고, 물음에 답하세요.

우리 (㉠)은 외적의 침입에 맞서 자신의 마을과 나라를 지키기 위해 백성들이 모여 만든 군대입니다. 우리들의 활약으로 관군이 재정비할 시간을 벌 수 있었고, 관군과 힘을 합쳐 싸워 일본군을 이기기도 했습니다.

(1) ㉠에 알맞은 말을 쓰세요.

㉠ ----------

(2) ㉠이 일본군에게 큰 피해를 줄 수 있었던 까닭을 쓰세요.

일본군에게 큰 피해를 줄 수 있었습니다.

02. 곧이어 일본이 조선을 다시 침략했어요.

정유재란

1597년	1597년	1598년

명의 참전과 휴전 협상 실패   **일본의 재침략**   **명량 대첩**   **일본군 철수**

일본이 명과
휴전 협상을 했지만 실패함   일본이 다시 쳐들어와
정유재란이 발생함   이순신과 수군이 명량에서
일본군을 크게 무찌름   일본군이 물러나고
전쟁이 끝남

휴전 (쉴휴 전투전)
전쟁을 일정한 기간 동안 멈추는 일.

정유재란 (- 두재 어지러울란)
임진왜란이 끝날 무렵 명과 일본의 휴전 협상이 실패하자, 1597년(정유년)에 일본이 다시 조선을 침략한 일.

명량 대첩 (- 클대 이길첩)
1597년 9월 정유재란 때 이순신이 이끄는 수군이 전라도의 바다인 명량에서 일본군을 크게 물리친 전투.

철수 (거둘철 거둘수)
있던 곳에서 시설이나 장비를 거두어 가지고 물러남.

임진왜란에서 불리해진 일본이 **휴전**하려 했지만 협상이 잘 되지 않았어요.

이에 일본이 다시 조선을 침략하면서 ☐☐☐☐ 이 일어났어요.

하지만 군사력을 키워 놓은 조선은 ☐☐☐☐ 등으로 일본을 크게 무찔렀어요.

이후 일본군이 **철수**하면서 오랜 전쟁은 끝이 났어요.

전쟁 후의 변화

조선의 피해

인구 감소

목숨을 잃거나
포로로 끌려감

농지 황폐화

백성의 생활과
나라 살림이 어려워짐

일본과 중국의 변화

에도 막부 성립

도쿠가와 이에야스가
에도에 무사 정권을 세움

명의 쇠퇴

명이 약해지고
여진이 성장함

피해 (입을피 손해해)
생명이나 신체, 재산, 명예
등에 손해를 입음.

황폐화
(거칠황 무너질폐 될화)
집, 땅, 숲 등이 거칠어지고
못쓰게 됨.

에도 막부
임진왜란 이후 일본의 에도
(오늘날 도쿄)에 세워진 정
권. 막부는 일본에서 무사
들이 세운 정권을 말함.

여진
중국 만주 지역에 살던 민
족. 삼국 시대에는 말갈, 고
려 시대에는 여진, 조선 후
기에는 만주족이라고 불림.

조선은 임진왜란부터 정유재란까지 이어진 7년간의 전쟁으로 큰 **피해**를 입었어요.

조선은 인구가 줄고 농지가 ⬚⬚⬚ 되었어요.

이후 일본에서는 도쿠가와 이에야스가 ⬚⬚⬚⬚ 를 세웠어요.

한편 중국에서는 명이 약해진 틈을 타 ⬚⬚ 이 성장했어요.

일본이 조선을 다시 침략했어요.

▼ 다음 글을 읽고 물음에 답하세요.

정유재란

1592년(임진년)에 일본이 1차로 쳐들어와 일으킨 임진왜란에서 조선은 일본에 맞서 힘껏 싸웠어요. 전쟁 초기에는 조선이 연달아 패했지만, 수군과 의병이 거세게 반격하고 명이 지원군을 보내 조선을 돕자 일본은 당황하기 시작했어요. 전쟁에서 불리해진 일본은 명에 전쟁을 잠시 멈추자며 휴전 협상을 하자고 했어요. 하지만 3년 동안 이어지던 협상은 일본이 무리한 조건을 요구하는 바람에 이루어지지 못했어요. 협상이 깨지자 일본은 1597년(정유년)에 다시 조선을 침략했어요. 이를 정유재란이라고 해요. 일본이 정유년에 다시 일으킨 난이라는 뜻이지요.

일본이 2차로 쳐들어온 정유재란 때는 조선이 일본군과 제대로 맞서 싸울 수 있었어요. 휴전 협상이 이루어지는 동안 조선이 전쟁에 대비했기 때문이에요. 일본이 다시 침입할 것을 예상한 조선은 무기와 성곽을 고쳤고, 조총으로 무장한 부대를 만드는 등 군사 제도를 정비해 두었지요. 특히 이순신이 이끄는 조선 수군은 명량(전라남도 진도) 앞바다에서 배 13척을 이끌고 130척이 넘는 배를 앞세운 일본군에 큰 승리를 거두었어요(명량 대첩, 1597). 이렇게 조선이 전쟁을 유리하게 이끄는 가운데, 전쟁을 일으킨 일본의 도요토미 히데요시가 갑작스럽게 죽자 일본군은 조선에서 철수했어요. 그렇게 7년간 이어지던 일본과의 전쟁이 끝났지요(1598).

**전쟁 후
조선의 피해**

오랜 전쟁이 남긴 피해는 너무나 컸어요. 전쟁 중에 수많은 사람이 죽고, 조선의 백성이 일본에 포로로 잡혀가기도 하여 인구가 크게 줄었어요. 나라의 모든 땅이 전쟁터가 되면서 농사지을 토지도 황폐해졌지요. 또, 노비 문서나 토지 문서가 불타 없어져 신분 질서가 흔들리게 되었고, 세금을 거두기 어려워져 나라 살림도 엉

**바르게
읽기**

1 **이 글의 내용으로 알맞은 것에 ○표, 알맞지 않은 것에 ✕표를 하세요.**

(1) 임진왜란 때 조선은 일본에 휴전 협상을 제안했다. ( )

(2) 도요토미 히데요시가 죽자 일본군은 조선에서 철수했다. ( )

(3) 7년간 이어진 전쟁으로 인해 조선의 인구가 크게 줄었다. ( )

(4) 조선에 지원군을 보냈던 명이 약해지고, 여진이 세력을 키웠다. ( )

망이 되었어요. 불국사와 경복궁, 실록을 보관하던 사고 등이 불탔고, 조선의 책과 그림, 도자기 등 많은 문화유산이 일본에 약탈*당하기도 했어요.

전쟁은 조선뿐 아니라 일본과 중국에도 영향을 미쳤어요. 일본에서

▲ 임진왜란 전후 인구와 농지 면적의 변화 (추정)

일본과 중국의 변화

는 도요토미 히데요시가 죽고 난 뒤, 도쿠가와 이에야스가 권력을 잡았어요. 도쿠가와 이에야스는 일본의 에도(도쿄)에 무사들의 정권인 막부를 세워 에도 막부 시대를 열었어요. 에도 막부는 전쟁 중에 빼앗아 간 조선의 문화유산과 조선에서 끌고 간 기술자, 유학자를 통해 문화를 발전시켰어요. 그리고 임진왜란 후에 끊어졌던 조선과의 외교 관계도 회복하려 했어요. 덕분에 조선은 일본에 끌려간 포로를 다시 데려올 수 있었어요. 이후 조선은 일본에 외교 사절단인 통신사*를 보내 관계를 이어 갔어요.

한편, 명은 무리하게 조선에 지원군을 보내면서 나라의 힘이 약해졌어요. 이를 틈타 중국의 만주 지역에서는 여진이 세력을 키워 후금이라는 나라를 세우고 명을 압박하기에 이르렀어요. 이렇듯 임진왜란은 조선, 일본, 중국 모두에게 큰 변화를 가져온 국제 전쟁이었어요.

〈낱말 풀이〉 **약탈** 폭력을 사용해 남의 것을 빼앗는 것.
　　　　　통신사 조선 후기에 일본의 요청으로 일본에 보낸 조선의 대규모 사절단을 이르는 말.

연결하여 읽기 **2** 다음 사건들을 일어난 순서에 맞게 번호를 쓰세요.

(1) 1597년에 일본이 다시 조선을 침략했다.

(2) 임진왜란에서 불리해진 일본이 명에 휴전 협상을 제안했다.

(3) 이순신과 조선 수군이 명량에서 일본군에 큰 승리를 거두었다.

(4) 일본의 도요토미 히데요시가 죽자 일본군이 철수하면서 전쟁이 끝났다.

(　　　) → (　　　) → (　　　) → (　　　)

3 전쟁 이후 조선과 주변 나라들의 변화로 알맞지 <u>않은</u> 것을 고르세요. (   )

① 명은 힘이 약해졌다.

② 조선에서는 신분 질서가 강화되었다.

③ 만주 지역에서 여진이 세력을 키워 후금을 세웠다.

④ 조선은 책, 도자기 등 많은 문화유산을 일본에 약탈당했다.

⑤ 일본은 조선에서 끌고 간 기술자, 유학자를 통해 문화를 발전시켰다.

4 이 글과 〈보기〉를 읽고, (가) 시기에 일어난 일로 알맞은 것을 고르세요. (   )

〈보기〉

임진왜란은 도요토미 히데요시의 조선 침략으로 시작된 7년간의 전쟁 전체를 말하는데, 휴전 앞의 1차 침입을 '임진왜란', 휴전 뒤의 2차 침입을 '정유재란'으로 구분하여 부르기도 합니다.

임진왜란

1차 침입(임진왜란) | (가) | **2차 침입**(정유재란)

적의 배가 바다를 덮고 몰려왔다. … 태평한 세월이 200년 동안 이어져 백성들은 전쟁을 몰랐고 각 고을은 소문만 듣고도 놀라 무너졌다.

- 『선조실록』

휴전
기간

- 정유년 1월, 왜적이 다시 침입했다.
- 1598년 8월, 천하를 움켜쥐려고 욕심을 부렸던 도요토미 히데요시가 죽었다.

- 『징비록』

① 조선이 일본에 통신사를 파견했다.

② 일본의 도요토미 히데요시가 사망했다.

③ 조선이 조총으로 무장한 부대를 만들었다.

④ 일본에서 도쿠가와 이에야스가 에도 막부를 세웠다.

⑤ 이순신이 이끄는 조선 수군이 명량에서 큰 승리를 거두었다.

5 다음 구조도를 보며 이 글의 내용을 정리해 보고, 빈칸에 알맞은 말을 쓰세요.

[☐ ☐ ☐]	전쟁 후의 변화

일본이 명에 휴전 협상을 제안함.

↓

휴전 협상이 깨지자
일본이 다시 조선을 침략함(1597).

↓

이순신과 수군이 [　　] 에서
일본군을 크게 물리침(명량 대첩, 1597).

↓

도요토미 히데요시가 죽자
일본군이 철수하고 전쟁이 끝남(1598).

조선	- 인구가 줄고 토지가 황폐해짐. - 신분 제도가 흔들리고 나라 살림이 어려워짐. - 문화유산이 불타거나 약탈당함.
일본	- 도쿠가와 이에야스가 [　　　　]를 세움.
중국	- 명의 힘이 약해지고 여진의 세력이 커짐.

6 이 글과 다음 자료를 읽고, 물음에 답하세요.

성안에 남아 있던 백성을 보니 백에 하나도 멀쩡한 사람이 없었다. 관청 등도 모두 불타 재가 되어 버렸다.

- 『징비록』

(㉠)의 감소 (단위: 천 명)

14,095 → 10,665

전쟁 전(1591년) / 전쟁 후(1639년)

농지의 감소 (단위: 천 결)

1,708 → 542

전쟁 전(1591년) / 전쟁 후(1611년)

(1) ㉠에 알맞은 말을 쓰세요.　　　　　　　　　　㉠

(2) 임진왜란과 정유재란으로 인해 조선의 인구가 어떻게 달라졌는지 쓰세요.

전쟁 중에 수많은 사람이 죽고,

03. 전쟁 후 조선은 중립 외교를 펼쳤어요.

정답과 해설 16쪽

그림으로 만나는
개념

광해군의 전후 복구와 중립 외교

전후 복구

광해군이 왕위에 올라
전쟁 피해를
복구하는 데 힘씀

중립 외교

명과 후금(여진) 사이에서
어느 쪽도 편들지 않고
중립 외교를 펼침

문장으로 다지는
어휘

광해군
조선 15대 왕. 임진왜란 후 전쟁 피해를 복구하고 중립 외교를 펼쳐 나라의 안정을 되찾으려 노력함.

후금
1616년에 여진의 누르하치가 만주에 세운 나라. 처음에는 나라 이름을 '후금'이라고 했다가 '청'으로 바꾼 뒤 명을 무너뜨리고 중국을 지배함.

명
1368년에 중국의 한족이 몽골족이 세운 원을 멸망시키고 세운 통일 왕조. 후에 만주족이 세운 후금의 압박을 받음.

중립 외교
(가운데**중** 설**립** 바깥**외** 사귈**교**)
한 나라에 치우치지 않고 여러 나라와 모두 좋은 관계를 유지하는 외교 방법.

임진왜란 이후 선조의 뒤를 이어 ⬚⬚⬚⬚ 이 왕이 되었어요.

광해군은 전쟁으로 인한 피해를 **복구**하는 데 힘썼어요.

이 무렵 여진이 세력을 키워 ⬚⬚ 을 세우고 명과 대립했어요.

광해군은 ⬚ 과 후금 사이에서 ⬚⬚⬚⬚ 를 펼쳤어요.

일본과의 전쟁 이후 광해군은 전쟁 피해를 복구하며
명과 후금 사이에서 중립을 지키는 외교를 펼쳤어요.
그러다 광해군에게 불만을 품은 서인 세력이 인조반정을 일으켰어요.

인조반정

(배경)
중립 외교에 대한 서인의 반발

서인은 광해군이
명을 배신했다고 비판함

1623년
인조반정

서인이 광해군을 몰아내고
인조를 왕으로 세움

(이후)
인조와 서인 정권

북인이 몰락하고
인조와 서인이 권력을 잡음

서인 (서쪽서 사람인)
조선 시대 붕당의 한 무리. 서인을 대표하던 심의겸의 집이 한양 서쪽에 있다고 하여 서인으로 불림.

인조반정
(- 돌이킬반 바를정)
1623년에 서인이 광해군을 몰아내고 인조를 왕으로 세운 사건.

북인 (북쪽북 사람인)
조선 후기 동인에서 남인·북인으로 갈라진 두 붕당 중 하나.

인조
조선의 16대 왕. 인조반정으로 광해군을 몰아내고 왕의 자리에 오름.

명에 대한 의리를 중요하게 여기던 [　　] 은 광해군이 명을 배신했다며 비판했어요.

광해군과 다투던 서인은 [　　　] 을 일으켜 광해군을 몰아냈어요.

그러면서 [　　] 이 몰락했어요.

이후 [　　] 와 **서인**이 권력을 잡았어요.

조선은 중립 외교를 펼쳤어요.

▼ 다음 글을 읽고 물음에 답하세요.

**광해군의
전후 복구**

일본이 조선에 쳐들어와 일으켰던 임진왜란은 7년 만에 끝이 났어요. 조선은 크나큰 피해를 입었지요. 임진왜란이 끝난 뒤, 선조의 뒤를 이어 광해군이 왕이 되었어요. 광해군은 전쟁으로 황폐해진 조선을 복구하려고 노력했어요. 망가진 땅을 다시 일구도록 했고, 토지 문서와 호적*을 다시 정리했어요. 나라의 살림을 튼튼히 하고자 한 것이지요. 또한 무너진 성곽*과 무기를 고치고 군사 훈련도 실시했어요. 전쟁으로 다치거나 병든 백성의 건강을 돌보고자 선조 때부터 집필하던 의학적인 『동의보감』을 허준에게 완성하게 하기도 했답니다.

**광해군의
중립 외교**

한편, 중국에서는 두 나라가 힘겨루기를 하고 있었어요. 하나는 세운 지 오래되어 힘을 잃어 가는 명이었고, 다른 하나는 만주의 여진이 새로 세운 후금이었어요. 후금은 힘을 키우며 명을 위협하기 시작했어요. 후금과의 싸움이 힘겨워지자, 명은 조선에 후금을 막기 위한 지원군을 보내 달라고 요청했어요. 이를 두고 신하들의 의견은 나뉘었어요. 어떤 신하들은 임진왜란 때 명이 조선에 지원군을 보내 준 의리를 생각해 군대를 보내야 한다고 주장했어요. 반면, 어떤 신하들은 군대를 보내지 말자고 했어요. 임진왜란이 끝난 지 얼마 되지 않았는데 또다시 전쟁에 참여하는 것은 무리한 일이며, 점점 힘이 커지는 후금을 무시할 수 없다는 주장이었지요.

고민 끝에 광해군은 명에 지원군을 보냈어요. 하지만 후금과의 관계를 나쁘게 만들지는 않으려고 했지요. 광해군은 지원군을 이끄는 강홍립에게 상황에 따라 적절하게 대처하라고 명령했어요. 이에 강홍립은 명과 힘을 합쳐 싸우다 후금에 항복하면서 싸움을 피했어요. 이렇게 광해군은 명과 후금 사이의 싸움에 끼어들지 않는

**바르게
읽기**

1 **이 글의 내용으로 알맞은 것에 ○표, 알맞지 않은 것에 ✕표를 하세요.**

(1) 임진왜란이 끝난 뒤 광해군은 성곽을 고쳤다. ( )

(2) 광해군은 명과 후금 사이에서 중립 외교를 펼쳤다. ( )

(3) 후금은 명을 막기 위해 조선에 지원군을 요청했다. ( )

(4) 서인들은 광해군의 외교 정책에 찬성하며 광해군을 도왔다. ( )

▲「양수투항도」 후금과의 전투에서 조선과 명의 연합군이 패하자, 강홍립을 비롯한 장수와 군사들이 후금에 항복하는 모습을 그렸다.

중립 외교를 펼쳤어요. 이로써 후금과의 전쟁을 피하고 나라의 안정을 유지하려 한 거예요.

하지만 광해군의 외교 정책에 대해 서인들은 불만이 컸어요. 서인은 광해군의 중립 외교가 임진왜란 때 조선을 도와준 명을 배신하는 것이라고 주장하며 중립 외교를 반대했어요. 그러던 중 광해군이 왕의 자리를 지키려고 이복동생인 영창 대군을 죽이고 새어머니인 인목 대비를 서궁(덕수궁)에 가두는 일이 일어났어요. 그러자 서인은 광해군이 유교 윤리에 어긋나는 행동을 했다면서 광해군을 더욱 비판했어요. 결국 서인 세력은 새 임금을 세우는 반정을 일으켰어요. 광해군과 광해군을 돕던 북인 세력을 몰아내고 인조를 새로운 왕으로 세운 거예요(인조반정, 1623). 이렇게 광해군이 쫓겨나고 인조와 서인 세력이 권력을 잡게 되었어요.

인조반정

〈낱말 풀이〉 **호적** 한집안 사람의 이름, 생년월일 등 신분에 관한 내용을 적은 공식 문서.
성곽 적의 공격을 막기 위해 흙이나 돌로 높이 쌓은 담.
이복동생 아버지는 같고 어머니가 다른 동생.

연결하여
읽기 **2** 다음 사건들을 일어난 순서에 맞게 번호를 쓰세요.

(1) 강홍립이 후금에 항복했다.

(2) 선조의 뒤를 이어 광해군이 왕이 되었다.

(3) 명이 후금을 막기 위해 조선에 지원군을 요청했다.

(4) 서인들이 광해군을 몰아내고 인조를 왕으로 세웠다.

(   ) → (   ) → (   ) → (   )

3 임진왜란 이후 광해군이 한 일로 알맞지 <u>않은</u> 것을 고르세요.　　　　　(　　　)

① 군사 훈련을 실시했다.

②『동의보감』을 완성하게 했다.

③ 토지 문서와 호적을 정비했다.

④ 망가진 땅을 다시 일구도록 했다.

⑤ 후금을 막기 위한 지원군을 보내 달라는 명의 요청을 거절했다.

4 이 글과 〈보기〉를 읽고, ㉠의 내용으로 알맞지 <u>않은</u> 것을 고르세요.　　　　　(　　　)

─────────〈보기〉─────────

　　　　명은 후금을 막기 위해 조선에 지원군을 요청
했습니다. 그런데 광해군은 전쟁 피해를 복구하
느라 여유가 없었고, 후금과의 관계가 나빠지는
것도 원하지 않았습니다.

　하지만 명의 요구를 무시할 수 없었기 때문에, 광해군은 결국 명에 군대를 보냈
습니다. 대신 강홍립에게 상황을 잘 판단하라고 했고, 강홍립은 명이 패하자 병사
들과 함께 후금에 항복했습니다. 이렇게 조선은 후금과의 전쟁을 피할 수 있었습
니다. 하지만 이후 광해군은 (　　　　㉠　　　　)

① 인조반정을 겪게 되었습니다.

② 자신을 비판하던 서인 세력을 몰아냈습니다.

③ 서인 세력에 의해 왕의 자리에서 쫓겨났습니다.

④ 명을 배신했다는 이유로 서인의 불만을 샀습니다.

⑤ 영창 대군을 죽이고 인목 대비를 서궁에 가두어 서인의 비판을 받았습니다.

5 다음 구조도를 보며 이 글의 내용을 정리해 보고, 빈칸에 알맞은 말을 쓰세요.

		인조반정
☐☐☐의 전후 복구와 중립 외교		

전후 복구	- 토지 문서를 정리함. - 성곽과 무기를 수리함. - 군사 훈련을 실시함. -『동의보감』을 완성하게 함.
☐☐ 외교	- 명을 도와 지원군을 보냈지만 후금에 항복함. - 명과 후금 사이의 싸움에 끼어들지 않음.

☐☐☐들이 광해군의
외교 정책에 불만을 품음.

↓

서인이 ☐☐☐☐을 일으켜
광해군을 몰아내고
인조를 왕으로 세움(1623).

6 이 글과 다음 자료를 읽고, 물음에 답하세요.

> 강홍립 장군은 명을 도우러 군대를 이끌고 떠나시오. 그러나 적극적으로 나서지 말고 상황에 따라 대처하여 (㉠)과 (㉡) 사이의 싸움에 휘말리지 않도록 하시오!

광해군   강홍립

(1) ㉠과 ㉡에 알맞은 나라 이름을 쓰세요.

㉠ ------------------------   ㉡ ------------------------

(2) 광해군이 위와 같이 중립 외교를 펼친 까닭을 쓰세요.

광해군은 중립 외교를 펼침으로써

----

04. 그러다 청이 침략해 호란이 일어났어요.

정답과 해설 17쪽

그림으로 만나는
개념

정묘호란

(배경) **친명배금 정책**	1627년 **정묘호란**	**인조의 피란**	**후금의 철수**

명을 가까이하고 후금을 멀리함	후금이 조선에 쳐들어옴	인조가 후금을 피해 강화도로 피란함	후금이 조선과 형제 관계를 맺고 돌아감

문장으로 다지는
어휘

친명배금
(친할친 - 밀어낼배 -)
명과 친하게 지내
고 후금을 멀리하
는 정치적인 입장.

후금
1616년에 여진의 누르하치
가 만주에 세운 나라. 처음에
는 나라 이름을 '후금'이라고
했다가 '청'으로 바꾼 뒤 명을
무너뜨리고 중국을 지배함.

정묘호란 (- 오랑
캐 이름호 어지러울난)
후금이 정묘년
(1627년)에 조선을
침략한 일.

강화도
오늘날 인천광역
시 강화군에 속한
섬. 예부터 군사적
으로 중요한 장소
로 여겨짐.

형제 관계
(형형 아우제 -)
강한 나라가 형,
약한 나라가 동생
이 되어 지내는
관계.

광해군을 몰아낸 뒤 조선은 [   ] 정책을 펼쳤어요.

이에 **후금**이 조선에 쳐들어와 [   ]이 일어났어요.

⭐ 인조는 [   ]로 피란했고, 백성들은 후금에 맞서 싸웠어요.

후금은 조선과 [   ]를 맺고 돌아갔어요.

병자호란

(배경)	1636년		
청(후금)의 요구 거절	병자호란	남한산성으로 피신	삼전도에서 항복
조선이 청의 군신 관계 요구를 거절함	청이 다시 조선에 쳐들어옴	인조가 피신한 후, 항복을 두고 의견이 나뉨	인조가 청에 항복하고 청과 군신 관계를 맺음

청
중국의 마지막 왕조. 여진의 누르하치가 세운 후금이 1636년 나라 이름을 청으로 바꿈.

군신 관계
(임금군 신하신 -)
신하가 임금을 받들 듯이 작은 나라가 큰 나라를 섬기는 관계.

병자호란 (- 오랑캐 이름호 어지러울난)
청이 1636년(병자년)에 조선을 침략한 일.

남한산성
(- 산산 성성)
경기도 광주시 남한 산에 있는 조선 시대 의 산성. 병자호란 때 인조가 피신한 곳임.

삼전도
조선 시대에 서울과 남한산성을 이어 주 던 나루. 인조가 이곳 에서 청에 항복함.

후금은 더욱 강해져 국호를 [   ]으로 바꾸고 조선에 [   ]를 요구했어요.

조선이 청의 요구를 거절하자, 청은 [   ]을 일으켰어요.

인조는 신하들과 [   ]으로 피신했어요.

인조는 [   ]에서 청에 끝내 항복하고 말았어요.

청이 침략해 호란이 일어났어요.

▼ 다음 글을 읽고 물음에 답하세요.

16세기부터 17세기까지 조선은 두 차례의 큰 전쟁을 치러야 했어요. 일본이 쳐들어와 왜란이 일어났고, 그 후 후금(청)이 쳐들어와 또 전쟁이 일어났어요. 후금(청)이 쳐들어온 전쟁을 '오랑캐(호: 胡)가 일으킨 난리'라는 뜻의 호란이라고 해요.

정묘호란

후금(청)이 조선에 쳐들어온 까닭은 조선의 외교 정책 때문이었어요. 1623년에 인조반정으로 권력을 잡은 인조와 서인 세력은 후금을 오랑캐의 나라로 여겼어요. 그래서 명을 가까이하고 후금을 멀리하는 친명배금 정책을 펼쳤지요. 그런데 당시 후금은 명과 전쟁을 앞두고 있었어요. 그리하여 후금은 조선이 명을 돕지 못하게 하려고 1627년(정묘년)에 조선으로 먼저 쳐들어왔어요(정묘호란). 인조와 신하들은 후금이 침략한 지 두 달 만에 강화도로 피란을 가야 했어요. 얼마 후, 후금은 조선이 후금과 형제 관계를 맺기로 약속한 후에야 돌아갔어요.

하지만 후금을 얕잡아보다가 크게 당한 후에도 인조와 신하들은 달라지지 않았어요. 오히려 세력 다툼을 하느라 나라를 더 어지럽게 만들었지요. 그 사이에 후금은 주변 세력을 끌어들여 힘을 키웠어요. 강력해진 후금은 나라 이름을 '청'으로 바꾸고, 조선에 형제 관계가 아닌 군신 관계를 맺을 것을 요구했어요. 신하가 임금을 받들듯이 작은 나라가 큰 나라를 섬기는 관계를 군신 관계라고 해요. 이에 신하들의 의견은 주전론과 주화론으로 나뉘었어요. 주전론이란 청의 요구를 거절하고 맞서 싸워야 한다는 주장이고, 주화론은 전쟁을 막기 위해 외교적인 방법으로 문제를 해결해야 한다는 주장이에요. 이 중 점차 힘을 얻은 것은 주전론이었어요. 조선은 청이 요구한 군신 관계를 받아들이지 않기로 했지요.

바르게 읽기

1 이 글의 내용으로 알맞은 것에 ○표, 알맞지 않은 것에 ✕표를 하세요.

(1) 인조와 서인 세력은 후금을 가까이하는 정책을 펼쳤다. ( )

(2) 청이 형제 관계를 요구하자 신하들의 의견이 나뉘었다. ( )

(3) 병자호란이 일어나자 인조는 강화도로 피란해 저항했다. ( )

(4) 인조는 삼전도에서 청 태종에게 항복하고 청과 군신 관계를 맺었다. ( )

이에 1636년(병자년)에 청 태종*이 직접 20만 명의 군사를 거느리고 압록강을 건너 조선에 다시 쳐들어왔어요(병자호란). 조선은 6일 만에 청군에 한양을 빼앗겼어요. 인조는 강화도로 피란을 가려 했지만, 그 길마저 막히자 급히 남한산성으로 피신했어요.* 청의 군대는 남한산성을 에워쌌고, 인조와 신하들은 남한산성에서 45일 동안 버티며 저항하다 결국 항복하고 말았어요. 인조는 삼전도(서울 송파)에서

→ 정묘호란 침입로
→ 병자호란 침입로

▲ 정묘호란과 병자호란의 전개

청 태종에게 굴욕적인* 항복을 하게 되었어요. 한 나라의 왕이 무릎 꿇고 엎드려 땅에 머리를 대고 절을 한다는 것은 매우 치욕스러운 일이었어요. 청은 인조의 항복을 받은 것을 자랑하기 위해 삼전도비*를 세우게 했어요.

결국 조선은 청을 큰 나라로 받들어 섬기는 군신 관계를 맺고, 명과는 관계를 끊기로 약속했어요. 뿐만 아니라 조선의 두 왕자와 신하들을 비롯해 수많은 백성이 청으로 끌려가 고통을 받아야 했답니다.

〈낱말 풀이〉　청 태종　청의 2대 황제.
　　　　　　　피신하다　위험을 피해 몸을 숨기다.
　　　　　　　굴욕적　남에게 억눌림을 당해 업신여김을 당하는 상태.
　　　　　　　삼전도비　병자호란 직후 청의 요구로 삼전도에 세운 비석.

연결하여
읽기 2 **다음 사건들을 일어난 순서에 맞게 번호를 쓰세요.**

(1) 인조와 신하들이 남한산성에서 저항했다.

(2) 인조가 청 태종에게 굴욕적인 항복을 했다.

(3) 청 태종이 직접 군대를 이끌고 조선을 침략했다.

(4) 조선이 친명배금 정책을 펼치자 후금이 조선을 침략했다.

(　　　) → (　　　) → (　　　) → (　　　)

3 병자호란의 결과로 알맞지 <u>않은</u> 것을 고르세요.　　　　　　　　　（　　　）

① 삼전도비가 세워졌다.

② 조선이 청에 항복했다.

③ 조선은 명과의 관계를 이어 갔다.

④ 조선이 청과 군신 관계를 맺었다.

⑤ 조선의 두 왕자와 수많은 백성이 청으로 끌려갔다.

4 이 글과 〈보기〉를 읽고 알 수 있는 내용으로 알맞은 것을 고르세요.　　　　（　　　）

〈보기〉

청의 군신 관계 요구에 대한 신하들의 주장

명은 우리에게 부모의 나라요, 오랑캐(청)는 부모의 원수입니다. 차라리 나라가 없어지더라도, 임진왜란 때 우리를 도와준 명과의 의리를 저버릴 수는 없습니다. ─『인조실록』

윤집　　　최명길

오랑캐의 노여움을 사면 백성의 생활이 어려워질 것입니다. 백성이 어려움에 빠지고 종묘와 사직에 제사 지내지 못하게 되면 그 허물이 이보다 클 수 있겠습니까? ─『지천집』

① 윤집은 주화론을 주장하였다.

② 최명길은 주전론을 주장하였다.

③ 조선은 주전론에 따라 청의 요구를 받아들이지 않기로 했다.

④ 명이 조선에 군신 관계를 요구하자 신하들의 의견이 나뉘었다.

⑤ 조선은 명을 오랑캐의 나라로, 청을 부모의 나라로 여기고 있었다.

5 다음 구조도를 보며 이 글의 내용을 정리해 보고, 빈칸에 알맞은 말을 쓰세요.

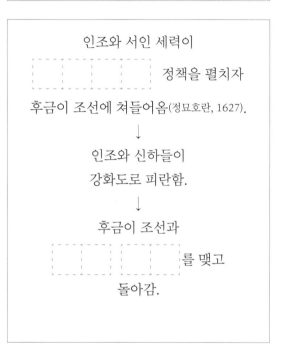

| 정묘호란 | ☐☐☐☐ |

정묘호란

인조와 서인 세력이
☐☐☐☐☐ 정책을 펼치자
후금이 조선에 쳐들어옴(정묘호란, 1627).
↓
인조와 신하들이
강화도로 피란함.
↓
후금이 조선과
☐☐☐☐☐를 맺고
돌아감.

☐☐☐☐

후금이 나라 이름을 청으로 바꾸고
조선에 군신 관계를 맺자고 요구함.
↓
조선이 군신 관계를 거부하자
청이 다시 쳐들어옴(병자호란, 1636).
↓
인조와 신하들이
남한산성으로 피신하여 저항함.
↓
인조가 ☐☐☐에서
청에 항복함.

6 이 글과 다음 지도를 보고, 물음에 답하세요.

(1) 병자호란 때 인조와 신하들이 피신하여
　　청에 저항한 곳을 찾아 ◯표 하세요.

강화도　✸남한산성　울릉도　독도

(2) 청에 저항하던 인조가 삼전도에서 어떻게 하게 되었는지 쓰세요.

　　인조는 삼전도에서

- -

- -

일본의 조선 침략

(배경)	1592년	1597년	1598년
일본의 통일	① ☐☐☐	② ☐☐☐	**일본군 철수**
	일본이 1592년(임진년)에 조선을 침략한 일.	1597년(정유년)에 일본이 다시 조선을 침략한 일.	

왜란 때의 활약

① ☐☐	② ☐☐	**관군**
조선 시대에, 바다를 지키던 군대.	외적의 침략에 맞서 백성이 모여 만든 군대.	

왜란 이후의 변화

조선의 피해

인구 감소　**농지** ① ☐☐

집, 땅, 숲 등이 거칠어지고 못쓰게 됨.

일본과 중국의 변화

② ☐☐☐ **성립**　**명의 쇠퇴**

임진왜란 이후 일본의 에도에 세워진 정권.

청의 조선 침략

(배경)	1627년	(배경)	1636년
친명배금 정책	① ⬚⬚⬚⬚	**청의 요구 거절**	② ⬚⬚⬚⬚
	후금이 1627년(정묘년)에 조선을 침략한 일.		청이 1636년(병자년)에 조선을 침략한 일.

호란 전의 상황

① ⬚⬚⬚⬚

한 나라에 치우치지 않고 여러 나라와 모두 좋은 관계를 유지하는 외교 방법.

중립 외교에 대한 서인의 반발

② ⬚⬚⬚⬚

1623년에 서인이 광해군을 몰아내고 인조를 왕으로 세운 사건.

호란의 진행 과정

정묘호란

강화도로 피란

① ⬚⬚ 의 철수

1616년에 여진의 누르하치가 만주에 세운 나라.

병자호란

남한산성으로 피신

② ⬚⬚⬚ 에서 항복

조선 시대에 서울과 남한산성을 이어 주던 나루.

탐구 주제 1 조선 수군이 일본군을 물리친 비결은 무엇일까?

〈자료 1〉 조선 수군의 배와 무기

조선 수군은 판옥선과 거북선을 타고 일본군과 싸웠습니다. 판옥선은 바닥이 평평하여 방향을 빨리 바꿀 수 있었습니다. 반면, 일본군의 배인 안택선은 밑이 뾰족해 속도는 빠르지만 방향을 바꾸거나 균형을 잡기 어려워 화포를 쏘기 힘들었습니다.

또한, 조선 수군은 포탄을 쏘는 화포를 배에 달아 사용했고, 일본은 조총을 사용했습니다. 조선의 화포는 일본의 조총에 비해 쏠 수 있는 거리가 훨씬 멀고 파괴력도 컸습니다.

▲ **판옥선** 2층 구조로, 서로 다른 층에서 포를 쏠 수 있었다.

▲ **천자총통** 임진왜란 당시 조선군이 사용한 가장 큰 화포였다.

〈자료 2〉 이순신 장군의 전술

이순신은 전쟁이 일어나기 전부터 군사 시설과 배, 화포 등을 점검하며 일본의 침략에 대비했습니다. 그리하여 수군을 이끌고 옥포, 사천, 한산도 등에서 연달아 승리했습니다. 이순신과 수군은 한산도에서 학익진 전술로 큰 승리를 거두는 등 지형과 무기에 알맞은 전술을 써서 일본군을 물리칠 수 있었습니다.

▲ **학익진 전술** 적을 험한 바다로 끌어들인 뒤 마치 학이 날개를 편 듯한 모습으로 적을 에워싸서 공격했다.

1 〈자료 1〉을 읽고, ㉠과 ㉡에 알맞은 말을 찾아 쓰세요.

	조선 수군	일본군
배	(㉠ ,)	안택선
무기	화포	(㉡)

2 이순신이 이끄는 조선 수군이 일본군을 물리칠 수 있었던 까닭을 다음 핵심어를 모두 넣어 쓰세요.

핵심어 (지형) (무기) (전술) (일본군)

탐구 주제 2 # 임진왜란 이후 주변 나라에 어떤 변화가 나타났을까?

〈자료 1〉 왜란 이후 조선

- 7년 동안 치른 전쟁으로 토지가 황폐화되어 농사 지을 땅이 3분의 1 정도로 줄었습니다.
- 많은 백성이 전쟁으로 목숨을 잃었고, 일본에 잡혀가기도 했습니다.
- 왜란 도중 경복궁과 불국사가 불탔고, 많은 문화유산을 일본에 뺏겼습니다.

〈자료 2〉 왜란 이후 일본

- 도쿠가와 이에야스가 권력을 잡고 일본에 에도 막부 시대를 열었습니다.
- 왜란 이후 조선과 외교 관계가 끊어지자, 포로를 일부 돌려보내며 외교 관계를 다시 맺었습니다.
- 조선에서 끌고 간 학자와 기술자 등을 통해 문화를 발전시켰습니다.

〈자료 3〉 왜란 이후 중국

- 명은 왜란 때 조선에 많은 지원군을 보내면서 나라의 힘이 약해졌습니다.
- 명이 혼란스러운 틈을 타 만주에서 여진이 힘을 키웠습니다.
- 여진의 누르하치가 후금을 세우고 명을 압박했습니다.

---

1 〈자료 1〉 ~ 〈자료 3〉을 읽고, ㉠ ~ ㉢에 알맞은 나라 이름을 찾아 쓰세요.

> 농사짓던 땅이 못쓰게 됐어요. 마을 사람 중에 (㉠)으로 끌려간 사람도 있어요.

> (㉡)과 외교 관계를 다시 맺고 문물을 교류해 백성에게 에도 막부의 권위를 보여 주겠다!

> (㉢)은 이제 힘이 다했어! 힘을 키운 우리 여진이 중국 전체로 세력을 넓힐 거라고!

명 여진족

---

2 임진왜란 이후 일본과 중국에서 어떤 변화가 나타났는지 다음 핵심어를 모두 넣어 두 문장으로 쓰세요.

핵심어 (도쿠가와 이에야스) (에도 막부) / (여진) (후금)

일본에서는

중국에서는

광해군과 인조의 외교 정책은 어떻게 달랐을까?

〈자료 1〉 광해군의 중립 외교

- 광해군이 장수 강홍립에게 명령을 내리기를, "명 장수
의 말을 그대로 따르지만 말고 오직 패배하지 않을 방
법을 마련하는 데에 힘을 쓰라."   - 『광해군일기』
- 강홍립이 통역관을 시켜 여진 사람에게 말하기를 … 적
과 화해하는 말이 오갔다.   - 『연려실기술』

〈자료 2〉 인조의 친명배금 정책

　　우리나라가 중국을 섬겨 온 것이 200여 년이다. … 그리고 명
이 임진년에 도와준 그 은혜는 영원히 잊을 수 없는 것이다. …
광해군은 남에게 입은 은혜를 저버리고 배신하는 태도가 있어
오랑캐(후금)를 정벌할 때 조용히 장수를 시켜 상황을 보고 행동
하게 했다. 끝내 오랑캐에게 항복함으로써 흉악한 소문이 온 사
방에 퍼지게 하였다.   - 『인조실록』

1 〈자료 1〉과 〈자료 2〉를 읽고, ㉠과 ㉡에 알맞은 나라 이름을 찾아 쓰세요.

　　후금이 조선에 쳐들어온 까닭은 조선의 외교 정책 때문이었습니다. 인조반정으로 왕위에
오른 인조는 후금을 오랑캐 나라로 여겼습니다. 그러면서 광해군이 펼친 중립 외교와 다르게
(　　㉠　　)을 가까이하고 (　　㉡　　)을 멀리하는 친명배금 정책을 펼쳤습니다. 그
러자 명과 전쟁을 앞둔 후금은 조선이 명을 돕지 못하게 하려고 정묘호란을 일으켰습니다.

㉠ (　　　　　　　　　　)　㉡ (　　　　　　　　　　)

2 광해군과 인조가 펼친 외교 정책이 어떻게 다른지 다음 핵심어를 모두 넣어 쓰세요.

핵심어 (광해군) (중립 외교) (인조) (친명배금)

- -

- -

병자호란 때 왜 인조는 항복할 수밖에 없었을까?

〈자료 1〉 **병자호란의 진행 과정**

  1636년에 청 태종이 직접 많은 군사를 거느리고 압록강을 건너 조선에 다시 쳐들어 왔습니다(병자호란). 조선은 6일 만에 한양을 빼앗겼고, 인조는 강화도로 피란을 가려 했지만 그 길마저 막히자 급하게 남한산성으로 피신했습니다. 청의 군대가 남한산성을 에워쌌고, 인조와 신하들은 남한산성에서 추위와 굶주림 속에서 45일 동안 버티며 저항하다 결국 항복하고 말았습니다. 인조는 삼전도에서 청 태종에게 굴욕적인 항복을 하게 되었습니다. 청은 인조의 항복을 받은 것을 자랑하기 위해 삼전도비를 세우게 했습니다.

〈자료 2〉 **남한산성의 상황**

  오늘날의 상황은 매우 위급합니다. 험한 성(남한산성)이 믿을 만해도 식량을 나르는 길이 만들어지지 않아, 말라 가는 물에 사는 물고기와 다를 바 없습니다.
                                                                                  - 『남한일기』

1 〈자료 1〉과 〈자료 2〉를 읽고, ㉠에 알맞은 말을 찾아 쓰세요.

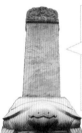

▲ 서울 삼전도비

  그때 우리 임금은 (㉠   )에 피신하여 있으면서 봄날 얼음을 밟듯이, 밤에 밝은 대낮을 기다리듯이 두려워한 지 50일이나 되었다. 동남 여러 도의 군사들이 잇따라 무너지고 서북의 군사들은 산골짜기에서 머뭇거리면서 한 발짝도 나올 수 없었으며, 성안에는 식량이 다 떨어지려 하였다.   - 서울 삼전도비

㉠ (   )

2 병자호란 때 인조가 항복한 까닭을 다음 핵심어를 모두 넣어 쓰세요.

핵심어 (청) (남한산성) (인조) (항복)

- -

- -

임진왜란 때 조선은 어떤 무기를 사용했을까요?

임진왜란 때 조선군은 일본군보다 수는 적었지만 힘껏 맞서 싸워 여러 번 승리를 거뒀어요.
총통을 비롯하여 여러 독창적인 무기는 조선 수군의 승리에 큰 역할을 하기도 했어요.

화차에 신기전을 꽂아 불화살을 쏘았어요.

화차는 수레처럼 바퀴를 달아 쉽게 이동하면서 총과 화살을 쏠 수 있게 만든 무기예요. 조선군은 화차에다 신기전(불을 달아 쏘던 화살)이나 총통 여러 개를 싣고 공격했어요. 이렇게 화차를 이용하면 불화살이나 총통을 한꺼번에 많이 쏠 수 있어 전투 중에 큰 힘을 발휘했지요. 또한, 신기전에는 바퀴가 달려 있어 밀고 나가면서도 총포를 쏠 수 있어 편리했어요. 신기전은 불을 붙이면 로켓처럼 날아가 목표 지점에서 터졌답니다.

총통으로 멀리 포탄을 날렸어요.

조선 수군은 멀리서 총통을 쏘아 일본군의 배를 부수는 전술을 펼쳤어요. 총통은 이동식 화포, 화포는 포탄을 던지는 기계를 말해요. 조선에는 다양한 크기의 총통이 있었고, 중대형 총통은 큰 순서에 따라 천자총통, 지자총통, 현자총통, 황자총통이라고 이름 붙였어요. 조선의 중대형 총통은 일본의 조총보다 멀리 공격할 수 있어 전투에 유리했어요. 일본이 조총을 쏠 만큼 가까워지면 조선 수군은 활과 작은 총통으로 되받아 공격했다고 해요.

비격진천뢰를 날려 폭발시켰어요.

비격진천뢰는 선조 때 이장손이 만든 포탄이에요. '하늘을 진동시키는 소리를 낸다'고 하여 붙여진 이름으로, 비진천뢰나 진천뢰로 불리기도 했어요. 비격진천뢰는 쇠통 안에 작은 철 조각과 화약을 넣고 심지에 불을 붙여 멀리 날려서 폭발시키는 무기예요. 비격진천뢰가 큰 소리를 내며 폭발하면 안에 있던 작은 철 조각이 사방으로 튀어서 적에게 피해를 주었답니다.

판옥선을 타고 일본군의 배 사이로 깊숙이 침투했어요.

판옥선은 조선 수군이 주로 사용한 배예요. '판옥'이란 널빤지로 지은 집이라는 뜻으로, 갑판 위에 2층으로 된 판옥을 올려서 판옥선이라 부르게 된 거예요. 판옥선은 높이가 높아 아래를 향해 화살을 쏠 수 있도록 되어 있었고, 일본군의 낮은 배를 공격하기에 유리했어요. 또한, 바닥이 평평하여 뱃머리를 돌리기 쉬웠기 때문에 방향을 바꾸는 데도 유리했어요. 게다가 두 개의 돛을 자유롭게 움직여 일본군의 배 사이로 깊숙이 침투할 수 있었답니다.

이어지는
5권에서
'조선 후기'를 만나요!

3사 조선 시대 언론을 담당한 사헌부, 사간원, 홍문관을 합하여 부른 말. 사헌부는 관리를 감독하고, 사간원은 왕을 일깨워 주는 일을 했으며, 홍문관은 왕을 도와주는 일을 함.　　　　　　　　　　　　　　　16쪽, 62쪽

4군 6진 조선 세종 때 여진족을 몰아내고 만든 행정 구역. 압록강 상류의 4군과 두만강 하류의 6진을 말함.　　　　　　　　　　　　　　　37쪽

4부 학당 조선 시대에 나라에서 인재를 기르기 위해 한양의 네 곳에 세운 교육 기관.　　　　23쪽

6조 조선 시대에 나랏일을 나누어 맡아 처리하던 기관. 이조, 호조, 예조, 병조, 형조, 공조로 이루어져 있으며, 정책을 집행하는 일을 함.　　　　　16쪽

8도 조선 시대에 전국을 8개로 나눈 행정 구역. 경기도, 충청도, 전라도, 경상도, 강원도, 황해도, 평안도, 함경도를 말함.　　　　　　　　　　　17쪽

강화도 오늘날 인천광역시 강화군에 속한 섬. 예부터 군사적으로 중요한 장소로 여겨짐.　　　112쪽

경국대전 조선 시대에 나라를 다스리는 기준이 된 법전.　　　　　　　　　　　　　　11쪽

과거 고려와 조선 시대에 있었던 관리를 뽑기 위한 시험. 과목마다 실력에 따라 사람을 가려 뽑음.　　22쪽

과전법 관리의 등급에 따라 땅(과전)을 나누어 주고 그 땅에서 세금을 거둘 수 있는 권리를 준 법. 과전에서 생산량의 1/10을 세금으로 거둘 수 있음.　　10쪽

과학 기술 인간의 필요나 목적에 따라 과학 현상을 활용해 만든 사물이나 기술.　　　　　48쪽

관군 나라에서 만들어 정식으로 운영하는 군대.　95쪽

관찰사 조선 시대에 각 도에 파견되어 지방을 다스리던 최고 책임자.　　　　　　　　　　17쪽

관혼상제 사람이 살면서 치르는 중요한 네 가지 의식인 관례, 혼례, 상례, 제례를 아울러 이르는 말.　　75쪽

광해군 조선 15대 왕. 임진왜란 후 전쟁 피해를 복구하고 중립 외교를 펼쳐 나라의 안정을 되찾으려 노력함.　　　　　　　　　　　　　　106쪽

교린 외교 교류와 토벌을 함께 하며 이웃 나라와의 관계를 이어 가는 외교.　　　　　　　37쪽

군신 관계 신하가 임금을 받들듯이 작은 나라가 큰 나라를 섬기는 관계.　　　　　　　　113쪽

기록 나중에 남길 목적으로 어떤 사실을 적은 글. 43쪽

남한산성 경기도 광주시 남한산에 있는 조선 시대의 산성. 병자호란 때 인조가 피신한 곳임.　　113쪽

농사직설 조선 세종 때, 우리나라의 기후와 토지, 각 지역의 특성에 맞는 농사법을 정리하여 펴낸 농사 책.　　　　　　　　　　　　　　49쪽

동국여지승람 각 도의 지리, 풍속, 인물 등을 자세하게 기록한 조선 전기의 지리서.　　　　43쪽

동인 조선 시대 붕당의 한 무리. 동인을 대표하던 김효원의 집이 한양 동쪽에 있다고 하여 동인으로 불림. 69쪽

명 1368년에 중국의 한족이 몽골족이 세운 원을 멸망시키고 세운 통일 왕조. 후에 만주족이 세운 후금의 압박을 받음.　　　　　　　　　　　　　106쪽

명량 대첩 1597년 9월 정유재란 때 이순신이 이끄는 수군이 전라도의 바다인 명량에서 일본군을 크게 물리친 전투.　　　　　　　　　　　　100쪽

명분론 각각의 신분이나 역할에 따라 마땅히 지켜야 할 도리가 있다는 주장.　　　　　　　75쪽

자료 출처

1장 본책 14쪽 / 『경국대전』(국립중앙박물관)

　　본책 30쪽 / 도성도(서울역사박물관)

2장 본책 45쪽 / 『조선왕조실록』(국립고궁박물관)

　　본책 46쪽 / 『삼강행실도』(국립중앙박물관), 선조 국문 유서(김해한글박물관)

　　본책 51쪽 / 창덕궁 측우대(국립고궁박물관), 『농사직설』(규장각)

　　본책 52쪽 / 「천상열차분야지도」(국립민속박물관), 『칠정산』(규장각)

3장 본책 76쪽 / 『삼강행실도』(국립중앙박물관)

　　본책 85쪽 / 분청사기 음각 두 마리 물고기 무늬 편병(국립중앙박물관), 백자 항아리(국립중앙박물관)

　　본책 90쪽 / 『소학』(규장각), 죽도(국립중앙박물관), 백자 항아리(국립중앙박물관)

4장 본책 98쪽 / 「판옥선도」(규장각), 「거북선도」(국가유산청), 비격진천뢰(국립고궁박물관), 천자총통(국가유산청)

　　본책 109쪽 / 「양수투항도」(규장각)

　　본책 120쪽 / 「판옥선도」(규장각), 천자총통(국가유산청)

　　본책 123쪽 / 서울 삼전도비(게티이미지코리아)

- 본책에 수록된 사진 중 국가유산청, 국립고궁박물관, 국립민속박물관, 국립중앙박물관, 규장각, 김해한글박물관 출처의 사진
  은 공공누리 제1유형으로 개방한 저작물입니다.
- 본책에 수록된 사진 중 게티이미지코리아 출처의 사진은 게티이미지코리아로부터 구매한 자료입니다.
- 본책에 수록된 일러스트 및 지도, 출처를 밝히지 않은 사진은 발행사에서 저작권을 가지고 있는 자료입니다.
- 본책의 구성과 특징에 수록된 축소본은 위의 출처와 동일합니다.

일러두기

- 본 교재에 있는 낱말 뜻풀이 일부는 국립국어원의 <표준국어대사전>과 <한국어기초사전>을 인용하였습니다.
- 맞춤법과 띄어쓰기는 국립국어원의 <표준국어대사전>을 기준으로 삼되, 초등학교와 중학교 교과서 표기를 참고했습니다.

교과서 〈한국사〉를 쉽고 간단하게

한국사도 독해가 먼저다

4권
전 6권 **조선 전기**

정답과 해설

교육 R&D에 앞서가는
Key기출판사

어휘

고려 말에 이성계가 위 화 도 회 군 으로 권력을 잡았어요.

이성계는 신진 사대부와 손잡고 과 전 법 을 실시해 토지 제도를 바로잡았어요.

그 후 이 성 계 를 왕으로 하여 조선이 세워졌어요.

왕위에 오른 태조 이성계는 한 양 으로 도읍을 옮겼어요.

조 선 이 세워진 뒤, 조선은 나라의 기틀을 마련하는 데 힘썼어요.

태종은 호 패 법 을 실시하여 백성의 수를 파악했어요.

세종은 집 현 전 을 새로 설치하여 정책과 학문 연구에 힘썼어요.

성종은 「경 국 대 전」을 완성하여 유교 중심의 통치 질서를 갖추었어요.

독해

1.

(1) ✕   (2) ◯   (3) ◯   (4) ✕

✕표 답 풀이

(1) 이성계와 신진 사대부는 과전법을 실시해 토지 제도를 바로잡았다.

(4) 집현전을 설치하여 학자들이 학문과 정책 연구에 힘쓰게 한 왕은 세종이다.

2.

(3) → (4) → (1) → (2)

정답 풀이

(3) 명이 철령 북쪽의 땅 일부를 빼앗으려 하자, 우왕이 이성계를 보내 명을 공격하게 했다. → (4) 이성계가 위화도에서 군사를 돌려 돌아온 후 최영 세력을 없애고 권력을 잡았다. → (1) 이성계가 왕의 자리에 오르면서 조선이 건국되었다. → (2) 태조 이성계가 도읍을 한양으로 옮겼다.

3.

②

정답 풀이

② 경연을 열어 학문과 정책을 토론한 왕은 세종이다. 세조는 경연을 없애고 왕 중심의 정치를 펼치려 했다. 이후 성종 때 경연이 다시 열렸다.

4.

⑤

정답 풀이

⑤『경국대전』은 백성의 일상생활과 관련된 내용도 담고 있다.

5.

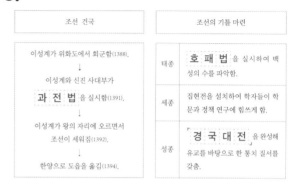

조선 건국	조선의 기틀 마련	
이성계가 위화도에서 회군함(1388). ↓ 이성계와 신진 사대부가 **과 전 법** 을 실시함(1391). ↓ 이성계가 왕의 자리에 오르면서 조선이 세워짐(1392). ↓ 한양으로 도읍을 옮김(1394).	태종	**호 패 법** 을 실시하여 백성의 수를 파악함.
	세종	집현전을 설치하여 학자들이 학문과 정책 연구에 힘쓰게 함.
	성종	「**경 국 대 전**」을 완성해 유교를 바탕으로 한 통치 질서를 갖춤.

6.

(1) ㉠ 한양

(2) 모범 답안

이곳은 한반도의 중심에 있어 나라를 다스리기 좋은 위치였기 때문입니다. 또한 **남쪽으로는 한강이 흐르고, 주변이 산으로 둘러싸여 외적의 침입을 막는 데도 유리했습니다.**

조선은 나라 전체를 다스리는 **중앙 정치 제도**를 정비했어요.

조선은 왕 아래 **의정부**와 **6조**를 중심으로 정치를 펼쳤어요.

의 정 부 에서는 나라의 정책을 결정하고, 6 조 에서는 정책을 집행했어요.

한편 3 사 를 두어 왕과 신하 중 한쪽으로 권력이 치우치는 것을 막았어요.

조선은 지방을 다스리는 **지방 행정 제도**도 정비했어요.

조선은 전국을 8 도 로 나누고, 그 아래에 부·목·군·현을 두었어요.

그리고 각 도에 관 찰 사 를 보내 수령을 감독하게 했어요.

수 령 은 부·목·군·현을 맡아 다스린 관리였어요.

1. (1) ○ (2) × (3) × (4) ○

×표 답 풀이

(2) 조선의 중앙 정치는 의정부와 6조를 중심으로 운영되었다.

(3) 각 도에는 관찰사가 파견되었으며, 수령은 부·목·군·현에 파견되었다.

2. (1) - ㉠ (2) - ㉣ (3) - ㉢ (4) - ㉡

정답 풀이

(1) 6조는 맡은 일에 따라 정책을 집행했다(㉠).

(2) 사간원은 3사 중의 한 기관으로, 왕이 올바른 정치를 하도록 일깨워 주는 역할을 했다(㉣).

(3) 사헌부는 3사 중의 한 기관으로, 관리들이 바르게 행동하는지 살피는 일을 했다(㉢).

(4) 의정부는 나라의 정책을 의논하고 결정하는 최고 통치 기구였다(㉡).

3. ⑤

오답 풀이

① 향리는 수령 아래에서 수령을 도와 일했다.

② 도를 책임지고 다스린 관리는 수령이 아니라 관찰사이다.

③ 조선 시대에는 고려 때와 달리 모든 군현에 수령을 보냈다.

④ 유향소는 수령이 물어보는 일에 의견을 내어 지방 행정에 도움을 주고, 향리가 잘못된 일을 하지 않도록 감시하는 기구였다.

4. ⑤

정답 풀이

⑤ 3사는 권력을 감시하며 권력이 한쪽으로 치우치는 것을 막는 역할을 했다.

5.

조선의 중앙 정치 제도	조선의 지방 행정 제도
- 의정부와 6조를 중심으로 운영함. → **의 정 부** 는 정책을 결정하고, 6조는 정책을 집행함. - 승정원: 왕의 비서 역할을 함. - 의금부: 큰 죄를 다룸. → **3 사** : 권력이 치우치는 것을 막음. - 춘추관, 성균관, 한성부 등을 둠.	- 전국을 8 도 로 나누어 다스림. → 관찰사: 도를 다스리고 수령을 감독함. - 도 아래에 부·목·군·현을 둠. → **수 령** : 각 부·목·군·현의 행정, 사법, 군사권을 가지고 백성을 다스림.

6. (1) ㉠ 수령 ㉡ 관찰사

(2) 모범 답안

조선은 지방 행정 제도를 정비하면서 **왕의 통치력이 전국 곳곳에 미치도록** 했습니다.

어휘

조선에서는 주로 **과 거** 를 통해 관리를 뽑았어요.

문 과 에서는 유학에 뛰어난 문관을 뽑았어요.

무 과 에서는 무예가 뛰어난 무관을 뽑았어요.

잡 과 에서는 통역, 의학 등의 기술을 가진 기술관을 뽑았어요.

조선은 **유 학** 지식을 갖춘 인재를 길러 내고자 했어요.

서 당 에서는 기초적인 유학 지식과 한자를 가르쳤어요.

한양의 **4 부 학 당** 과 지방의 **향 교** 에서는 유교 경전을 가르쳤어요.

성 균 관 은 높은 수준의 유학 지식을 가르치는 최고 교육 기관이었어요.

독해

1. (1) ○　(2) ✕　(3) ○　(4) ✕

✕표 답 풀이

(2) 조선 시대에는 과거 외에도 음서와 천거라는 제도를 통해 관리가 될 수 있었다.

(4) 조선 최고의 교육 기관인 성균관에서는 수준 높은 유학 교육을 받을 수 있었다.

2. (1) - ⓒ　(2) - ⓛ　(3) - ㉠

정답 풀이

(1) 무과는 군사에 관한 책에 대한 이해와 무예 실력을 평가하는 시험이다(ⓒ).

(2) 문과는 유교 경전을 해석하고 글을 짓는 능력을 평가하는 시험이다(ⓛ).

(3) 잡과는 통역, 의학 등의 기술을 평가하는 시험이다(㉠).

3. ⑤

오답 풀이

① 과거는 보통 3년마다 치렀다.

② 문과에는 양반 계층이 주로 응시했다.

③ 무과에서는 무관을 뽑았고, 잡과에서 기술관을 뽑았다.

④ 고려 때보다 음서로 관리를 뽑는 일이 줄었다.

4. ⑤

정답 풀이

⑤ 과거는 과목에 따라 능력 있는 사람을 뽑기 위해 시험을 치르는 제도로, 조선의 관리 등용 제도 중 가장 중요한 제도였다. 조선의 과거 제도는 조선이 본래부터 주어진 특권보다 개인의 능력을 더 중요시했음을 보여 준다.

5.

조선의 관리 등용 제도
- **과 거** : 과목에 따라 능력 있는 사람을 뽑기 위해 시험을 치르는 제도 - 음서, 천거 <과거의 종류> - **문 과** : 문관을 뽑는 시험 - 무과: 무관을 뽑는 시험 - 잡과: 기술관을 뽑는 시험

조선의 교육 제도
- 서당: 한자와 기초적인 유학 지식을 가르침. - 4부 학당, **향 교** : 한양과 지방에서 유교 경전을 가르침. - **성 균 관** : 최고 교육 기관으로, 높은 수준의 유교 지식을 가르침.

6. (1) ㉠ 서당　ⓛ 4부 학당

(2) 모범 답안

조선은 **유교를 중요하게 여겼기** 때문에 유교를 바탕으로 교육이 이루어졌습니다.

개념 정리

조선   ① 위화도 회군 ② 조선 ③ 호패법 ④ 경국대전
조선의 중앙 정치 제도   ① 의정부 ② 6조   조선의 관리 등용 제도   ① 문과 ② 잡과
조선의 지방 행정 제도   ① 관찰사 ② 수령   조선의 교육 제도   ① 서당 ② 4부 학당 ③ 성균관

탐구 독해

탐구 주제 1

1. ㉠ 한양
    ㉡ 한강

2. 모범 답안
조선은 한양을 건설할 때 유교 이념에 따라 건물의 위치를 잡고 이름을 지었습니다.

탐구 주제 2

1. ㉠ 호전
    ㉡ 예전
    ㉢ 형전

2. 모범 답안
『경국대전』은 유교적 기본 질서를 강조하고 백성을 중시하는 사상을 반영했습니다.

탐구 주제 3

1. (1) - ㉢ (2) - ㉠ (3) - ㉡
    (4) - ㉤ (5) - ㉥ (6) - ㉣

2. 모범 답안
의정부는 최고 통치 기구로, 나라의 정책을 의논하고 결정했습니다. 6조는 정책을 집행했습니다.

탐구 주제 4

1. (가) 잡과
    (나) 문과
    (다) 무과

2. 모범 답안
조선은 과거 제도를 통해 유교의 가르침을 바탕으로 나라를 이끌어 갈 사람을 뽑으려 했습니다.

어휘

조선은 **명**을 섬기는 사 대 외 교 를 펼쳤어요.

조선은 명에 해마다 사신을 보내어 조 공 품 을 바쳤어요.

그러면서 조선은 명으로부터 선 진 문 물 을 받아들였어요.

조선은 명을 섬김으로써 나라를 안정시키는 실 리 를 챙겼어요.

조선은 여진·일본과는 교 린 외 교 를 펼쳤어요.

여진·일본과 때로는 잘 지내다가 문제가 생기면 강하게 토 벌 했어요.

조선은 **여진**이 국경을 넘어오자 여진을 몰아내고 4 군 6 진 을 설치했어요.

조선은 **일본** 왜구의 침략이 계속되자 쓰 시 마 섬 을 토벌했어요.

독해

1. (1)× (2)× (3)○ (4)○

×표 답 풀 이

(1) 조선은 명에 사대 정책을 펼쳤다.

(2) 조선은 명에 사신과 조공품을 보냈다.

2. (1)-㉠ (2)-㉢ (3)-㉡

정답 풀이

(1) 조선은 명에 사대 정책을 펼쳐 사신과 조공품을 보내고, 명의 선진 문물을 받아들이면서 실리를 챙겼다(㉠).

(2) 조선은 여진에 교린 정책을 펼쳐 국경 지역에 무역소를 만들어 교역하고, 4군 6진을 개척했다(㉢).

(3) 조선은 일본에 교린 정책을 펼쳐 쓰시마섬을 토벌하고, 세 항구를 열어 교역을 허락했다(㉡).

3. ③

정답 풀이

③ 조선은 여진·일본에 교린 정책을 펼쳤다. 하지만 늘 평화롭게 지내지 않았으며, 잘 지내다가 문제가 생기면 강하게 대응했다. 여진이 국경을 넘어 오자 여진을 물리치고 4군과 6진을 설치했으며, 왜구가 침략하자 쓰시마섬을 토벌했다.

4. ④

정답 풀이

④ ㉠은 조선이 여진에 교린 정책을 펼치며 강경책으로 설치한 '4군 6진'이다. ㉡은 조선이 명에 대해 펼친 '사대 정책'이다. ㉢은 조선이 일본에 대한 회유책으로 개항한 '3포'이다.

5.

명 과의 사대 외교	여진·일본과의 교 린 외교	
- 명에 사신과 조공품을 보내고 명의 선진 문물을 받아들이며 실리를 챙김. - 새 왕이 왕위에 오름을 명에 알리고 인정을 받아 왕권을 안정시킴.	**여 진** - 국경 지역에 무역소를 만들어 교역을 허락함. - 국경 지역에 4군과 6진을 설치함.	일본 - 왜구가 침략하자 **쓰시마섬**을 토벌함. - 3포를 열어 교역을 허락함.

6. (1)

(2) **모범 답안**

조선은 남쪽 지방의 주민들을 이곳으로 **옮겨 살게 해 국경 지역을 안정시켰고 국경을 확실히 정했습니다.**

어휘

우리나라는 일찍부터 <u>한</u> <u>자</u> 를 사용했지만, 일반 백성이 쓰기에는 너무 어려웠어요.

세종은 우리말을 소리 나는 대로 적을 수 있는 <u>훈</u> <u>민</u> <u>정</u> <u>음</u> 을 만들었어요.

훈민정음 창제로 <u>백</u> <u>성</u> 은 말과 생각을 글로 표현할 수 있게 되었어요.

훈민정음은 <u>민</u> <u>족</u> <u>문</u> <u>화</u> 발전의 밑거름이 되었어요.

건국 초부터 조선은 다양한 <u>기</u> <u>록</u> 을 남겼어요.

『<u>조</u> <u>선</u> <u>왕</u> <u>조</u> <u>실</u> <u>록</u>』 같은 역사서를 펴냈어요.

『<u>동</u> <u>국</u> <u>여</u> <u>지</u> <u>승</u> <u>람</u>』 같은 지리서를 펴내고, 지도를 만들었어요.

이렇게 조선의 기록 문화가 발달하면서 민족 문화도 발전했어요.

독해

1. (1) ◯ (2) ✕ (3) ✕ (4) ◯

✕표 답 풀이

(2) 훈민정음으로 써서 펴낸 책으로는 『용비어천가』, 『삼강행실도』가 있다.

(3) 『조선왕조실록』은 조선 왕조의 역사를 왕별로 정리한 역사서이다.

2. (1) - ㉣ (2) - ㉡ (3) - ㉠ (4) - ㉢

정답 풀이

(1) 훈민정음은 '백성을 가르치는 바른 소리'라는 뜻의 과학적이고 독창적인 우리 고유 문자(㉣)이다.

(2) 『동국통감』은 고조선부터 고려까지의 역사를 담은 역사서(㉡)이다.

(3) 『조선왕조실록』은 조선 왕조의 역사를 왕별로 정리한 책(㉠)이다.

(4) 『동국여지승람』은 지방의 역사, 풍속, 지형, 인물 등을 기록한 지리서(㉢)이다.

3. ③

오답 풀이

① 『용비어천가』는 조선 건국을 노래한 책이다.

② 「혼일강리역대국도지도」는 태종 때 제작된 세계 지도이다.

④ 고조선부터 고려까지의 역사를 정리한 『동국통감』을 펴냈다.

⑤ 지방을 효율적으로 다스리는 데 활용된 지리서는 『동국여지승람』이다.

4. ④

정답 풀이

④ <보기>의 '선조 국문 유서'는 선조가 백성에게 내린 글로, 훈민정음으로 쓰여 있다. 나라의 정책을 백성에게 쉽게 알리는 데 훈민정음이 활용되었음을 알 수 있다.

5.

훈민정음 창제	기록 문화의 발달
- <u>세</u> <u>종</u> 은 우리말을 소리 나는 대로 쓸 수 있는 글자인 훈민정음을 창제하고 반포함. - <u>훈</u> <u>민</u> <u>정</u> <u>음</u> 으로 쓰인 『용비어천가』, 『삼강행실도』 등을 펴내어 정책과 유교 윤리를 백성에게 쉽게 알림.	- 역사서: 조선 왕조의 역사를 정리한 『<u>조</u> <u>선</u> <u>왕</u> <u>조</u> <u>실</u> <u>록</u>』 - 지리서: 지방의 역사, 풍속 등을 기록한 『<u>동</u> <u>국</u> <u>여</u> <u>지</u> <u>승</u> <u>람</u>』

6. (1) ㉠ 조선왕조실록

(2) 모범 답안

조선이 정당하게 세워졌다는 것을 널리 알리고, 유교를 바탕으로 한 통치 이념을 강조하기 위해서입니다.

어휘

조선은 건국 초부터 **과학 기술**의 발전에 힘썼어요.

특히 **천 문 학** 을 중시하여 하늘의 움직임을 관찰하고 기록했어요.

국가의 지원으로 **과학 기구**를 만들어 하늘을 관측하고 시간을 쟀지요.

그리고 별자리를 그린 **천 문 도** 와 시간을 구분하는 **역 법 서** 를 만들었어요.

조선 전기에는 **농업 기술**과 **의 학** 발전에도 힘썼어요.

측 우 기 를 만들어서 비가 내린 양을 측정해 농사에 도움을 주었어요.

또 우리나라 땅에 맞는 농사법을 정리해 **농 사 직 설** 을 펴냈어요.

한편 **향 약 집 성 방** 을 펴내 병을 치료하는 방법을 소개했어요.

독해

1. (1) ○　(2) ✕　(3) ✕　(4) ✕

✕표 답 풀이

(2) 천문도인 「천상열차분야지도」는 태조 때에 제작되었다.

(3) 측우기는 시간을 측정하는 것이 아니라 비가 내린 양을 측정하는 기구였다.

(4) 각 지역에 맞는 농사법을 간추린 책은 「농사직설」이다.

2. (1) - ㉡　(2) - ㉢　(3) - ㉣　(4) - ㉠

정답 풀이

(1) 「칠정산」은 한양을 기준으로 계절과 절기를 계산한 역법서(㉡)이다.

(2) 「농사직설」은 우리나라의 기후와 땅에 맞는 농사법을 정리한 책(㉢)이다.

(3) 「향약집성방」은 우리나라에서 나는 약재를 활용한 치료법을 정리한 책(㉣)이다.

(4) 「천상열차분야지도」는 별자리의 위치와 모양을 그린 그림(㉠)이다.

3. ⑤

오답 풀이

① 앙부일구는 해시계이고, 자격루는 물시계이다.

② 조선 전기에 천문학의 발달은 농업 발달로 이어졌다.

③ 혼천의와 간의는 하늘을 관측하기 위한 기구이다.

④ 「향약집성방」은 우리나라에서 나는 약재를 활용한 치료법을 정리한 책이다.

4. ①

정답 풀이

① 「칠정산」은 조선의 도읍인 한양을 기준으로 계절과 절기를 계산한 역법서이다.

5.

천 문 학 · 역법의 발달		농업 기술 · 의학의 발달	
천문학	- 하늘의 움직임을 연구하는 천문학을 중요하게 여김. - **천 문 도** 인 「천상열차분야지도」를 제작함.	농업 기술	- 비가 내린 양을 측정하는 측우기를 만듦. - 조선의 기후와 토지에 맞는 농사법을 정리한 **농 사 직 설** 을 펴냄.
역법	- 조선의 실정에 맞는 역법서인 **칠 정 산** 이 편찬됨. - 시간을 재는 앙부일구, 자격루가 만들어짐.	의학	- 조선에서 나는 약재를 활용한 치료법을 정리한 「향약집성방」을 펴냄.

6. (1) ㉠ 측우기

(2) 모범 답안

비가 내린 양을 측정하는 기구로, **비의 양을 보고 가뭄과 홍수에 대비할 수 있었습니다.**

개념 정리

조선의 외교	① 사대 ② 4군 6진 ③ 쓰시마섬
훈민정음 창제	① 훈민정음
기록 문화의 발달	① 조선왕조실록 ② 동국여지승람
천문학·역법의 발달	① 천문도
농업 기술·의학의 발달	① 측우기 ② 농사직설

탐구 독해

탐구 주제 1

1. ㉠ 명
　　㉡ 여진
　　㉢ 쓰시마섬

2. 모범 답안
조선은 사대교린의 외교 정책을 펼침으로써 나라의 안정과 실리를 추구했습니다.

탐구 주제 2

1. ㉠ 훈민정음

2. (가) 용비어천가
　　(나) 삼강행실도

3. 모범 답안
훈민정음은 점차 널리 활용되면서 우리 민족 문화가 발전할 수 있는 밑거름이 되었습니다.

탐구 주제 3

1. (가) - ㉡
　　(나) - ㉣
　　(다) - ㉢
　　(라) - ㉠

2. 모범 답안
천문학의 발달로 농업의 생산성이 높아졌고, 이는 백성의 생활을 안정적으로 만드는 데 큰 역할을 했습니다.

탐구 주제 4

1. ㉠ 농사직설
　　㉡ 향약집성방
　　㉢ 농사법
　　㉣ 조선

2. 모범 답안
백성 대다수가 농사를 지었으므로 농업 기술이 발전해야 백성들의 생활이 안정되고, 나라의 재정도 늘릴 수 있었기 때문입니다.

어휘

조선 전기 세조 때 **훈 구** 가 성장해 권력을 휘둘렀어요.

성 종 은 훈구를 견제해 왕권을 안정시키려고 사림을 등용했어요.

사 림 은 지방에서 성리학 연구에 힘쓰던 학자들의 제자들이에요.

사림은 주로 언론 기관인 **3 사** 의 관리가 되어 훈구의 잘못을 비판했어요.

연 산 군 이 왕이 되면서 훈구와 사림의 대립이 더욱 심해졌어요.

대립 속에서 연산군이 포악한 정치를 일삼다가 **사 화** 가 일어났어요.

이후 훈구가 **중 종 반 정** 으로 다시 권력을 잡았어요.

훈구를 견제하기 위해 사림인 **조 광 조** 가 개혁을 주장했지만 실패했어요.

독해

1. (1) ✕ (2) ○ (3) ○ (4) ✕

✕표 답 풀이

(1) 세조가 왕이 되는 것을 도운 신하들은 훈구이다.

(4) 현량과를 실시하고 소격서를 없애야 한다고 주장한 사람은 사림인 조광조이다. 훈구는 이에 거세게 반발했다.

2. (1) → (3) → (2) → (4)

정답 풀이

(1) 성종이 훈구를 견제하려고 사림을 등용했다. → (3) 연산군의 폭정을 견디지 못한 신하들이 중종반정을 일으켰다. → (2) 기묘사화가 일어나 조광조를 비롯한 사림이 피해를 입었다. → (4) 왕위 계승 문제로 외척 세력 간에 갈등이 생겨 을사사화가 일어났다.

3. ⑤

정답 풀이

⑤ 사림은 네 번의 사화를 겪으면서도 계속해서 중앙의 관직에 진출했고, 지방에서 세력을 키워 나갔다.

4. ⑤

오답 풀이

① 조광조는 훈구의 거짓 공훈을 없애려고 했다.

② 현량과는 추천을 통해 인재를 뽑는 제도이다.

③ 현량과의 실시로 많은 사림이 벼슬을 얻었고, 사림의 세력이 커져 훈구를 견제할 수 있었다.

④ 유교를 바탕으로 하는 정치를 펼치기 위해 도교의 제사를 지내는 관청인 소격서를 폐지하자고 주장했다.

5.

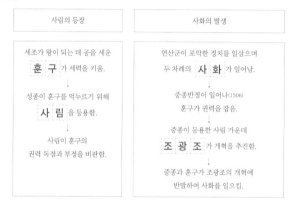

사림의 등장	사화의 발생
세조가 왕이 되는 데 공을 세운 **훈 구** 가 세력을 키움. ↓ 성종이 훈구를 억누르기 위해 **사 림** 을 등용함. ↓ 사림이 훈구의 권력 독점과 부정을 비판함.	연산군이 포악한 정치를 일삼으며 두 차례의 **사 화** 가 일어남. ↓ 중종반정이 일어나(1506) 훈구가 권력을 잡음. ↓ 중종이 등용한 사림 가운데 **조 광 조** 가 개혁을 추진함. ↓ 중종과 훈구가 조광조의 개혁에 반발하여 사화를 일으킴.

6. (1) ㉠ 사화

(2) 모범 답안

사림은 **네 번의 사화를 겪으면서도 중앙의 관직에 계속 진출했고, 지방에서도 세력을 키워 나갔습니다.**

어휘

사 림 은 사화로 피해를 입은 후 지방에서 세력을 키워 나갔어요.

사림은 지방 곳곳에 서 원 을 세워 성리학을 연구했어요.

또한 사림은 향 약 을 만들어 지방에 보급했어요.

그 결과 향 촌 사 회 에서 사림의 영향력이 커졌어요.

사림은 향촌에서 세력을 키운 후 선조 때 다시 권력을 잡고 정치를 이끌었어요.

그러다가 이 조 전 랑 의 임명을 두고 사림 사이에 갈등이 생겼어요.

서로 다투던 사림은 결국 동 인 과 서 인 으로 나뉘었어요.

이렇게 사림은 둘로 나뉘어 붕 당 을 이루었어요.

독해

1. (1) ○ (2) ○ (3) ○ (4) ✕

✕표 답 풀이

(4) 사림이 동인과 서인으로 나뉘며 붕당을 이루었다.

2. (3) → (1) → (4) → (2)

정답 풀이

(3) 사림이 네 차례의 사화를 겪으며 큰 피해를 입었다. → (1) 선조 때 사림이 중앙 정치를 이끌게 되었다. → (4) 이조 전랑 자리를 두고 사림 사이의 갈등이 심해졌다. → (2) 결국 사림이 동인과 서인으로 나뉘며 붕당을 이루었다.

3. ⑤

오답 풀이

① 서원은 사림이 세운 교육 기관이다.

② 세금이 면제된 서원은 나라에서 내린 현판을 받은 사액 서원이었다.

③ 최초의 서원인 백운동 서원은 중종 때 세워졌다.

④ 사액 서원은 나라에서 땅, 책, 노비 등을 받았다.

4. ①

정답 풀이

① 이조 전랑 자리를 두고 사림 사이의 갈등이 심해졌다.

5.

사림의 성장	붕 당 의 형성
<서원의 설립> - 서원: 사 림 이 세운 교육 기관 - 사림은 서원을 통해 제자들을 기르고 지방에서 공론을 이끌며 세력을 키움. <향약의 보급> - 향 약 : 마을 주민들이 지키기로 정한 규칙 - 사림은 향약의 보급을 이끌면서 향촌 사회에서 영향력을 키움.	선조 때 사림이 중앙 정치를 이끌게 됨. ↓ 사림 사이에서 이 조 전 랑 을 누구에게 맡길 것인지를 두고 갈등함. ↓ 사림이 동인과 서인으로 나뉨. ↓ 동인이 남인과 북인으로 다시 나뉨.

6. (1) ㉠ 향약

(2) 모범 답안

사림은 향촌 사회에서 영향력을 크게 키울 수 있었습니다. 이와 함께 **향촌 사회에 성리학적 사회 질서가 널리 퍼질 수 있었습니다.**

어휘

사람이 성장하면서 **성 리 학** 적 질서도 널리 퍼지기 시작했어요.

나라에서는 백성이 유교의 **삼 강 오 륜** 을 따르게 하려고 했어요.

그래서 삼강오륜을 잘 지킨 **충 신**, 효자, **열녀**를 찾아 칭찬해 주었어요.

또한 유교 윤리를 담은 책인 **『삼 강 행 실 도』** 를 펴냈어요.

성리학적 질서가 퍼지면서 **유 교　예 법** 이 자리 잡았어요.

일반 백성들도 유교 예법에 따라 **관 혼 상 제** 를 치렀어요.

또 성리학적 질서가 퍼지면서 **명 분 론** 이 강조되었어요.

명분론이 신분에 맞는 도리를 강조하면서 **양 반** 중심의 신분 질서가 강해졌어요.

독해

1. (1) ○　(2) ✕　(3) ✕　(4) ○

✕표 답 풀이

(2) 사림이 향약을 만들고 『주자가례』와 『소학』을 가르쳐 일반 백성까지 유교 예법을 따르게 했다.

(3) 사림은 성리학적 질서를 퍼뜨리고자 힘썼다.

2. (1) - ㉣　(2) - ㉠　(3) - ㉢　(4) - ㉡

정답 풀이

(1) 『소학』은 사람들이 배워야 할 유교의 기초와 도덕적 행동을 정리한 책이다(㉣).

(2) 『주자가례』는 가정에서 지켜야 할 관혼상제 예법을 다룬 책이다(㉠).

(3) 『국조오례의』는 국가 행사의 순서와 의례를 유교 예법에 맞게 정리한 책이다(㉢).

(4) 『삼강행실도』는 모범이 될 만한 충신, 효자, 열녀의 이야기를 소개한 책이다(㉡).

3. ①

정답 풀이

① 조선에 성리학적 질서가 널리 퍼지면서 양반과 상민의 구분이 엄격해졌다.

4. ②

오답 풀이

① 조상에게 제사를 지내는 의식은 제례이다.

③ 어른이 될 때 치르는 의식은 관례이다.

④ 사람이 죽은 뒤에 치르는 장례 의식은 상례이다.

⑤ 사림은 일반 백성에게 관혼상제의 예법을 다룬 『주자가례』를 가르쳤다.

5.

성리학적 질서의 확산	성리학적 질서에 따른 사회 변화
- 조선은 **성 리 학** 의 가르침에 따라 나라를 다스리고자 함. - 일반 백성에게 삼강오륜을 퍼뜨리고자 **『삼 강 행 실 도』** 를 편찬함. - 국가 행사의 순서와 의례를 정리한 『국조오례의』를 펴냄. - 사림은 향촌 사회에서 『주자가례』와 『소학』을 가르침.	- 일반 백성도 유교 예법에 따라 **관 혼 상 제** 의 예법을 지름. - 유교의 **명 분 론** 이 강조되며 양반 중심의 신분 질서가 강화됨. - 아버지 쪽 핏줄과 큰아들 중심의 가족 제도가 널리 퍼짐. - 집집마다 족보를 만듦. - 시집가는 것이 일반적인 모습이 됨.

6. (1) ㉠ **삼강행실도**

(2) **모범 답안**

삼강오륜은 **유교에서 지켜야 하는 세 가지 법도와 다섯 가지 도리를** 정리해 놓은 것입니다.

어휘

조선에 성리학적 질서가 널리 퍼지며 양반 중심의 신분 질서가 단단해졌어요.

가장 높은 신분인 양 반 은 벼슬을 얻거나 유학을 공부했어요.

중 인 은 의학, 통역 등을 맡았고, 상 민 은 주로 농사를 지었어요.

가장 낮은 신분인 천 민 은 대부분 노비였어요.

조선 전기에는 양반 문화가 발달하여 그림과 도자기가 유행했어요.

양반들은 산 수 화 와 사 군 자 화 를 즐겼어요.

도자기는 처음에 다양한 무늬를 꾸민 분 청 사 기 가 유행했어요.

그러다가 선비 정신이 드러나는 희고 깨끗한 백 자 가 유행했어요.

독해

1. (1) ✕ (2) ◯ (3) ✕ (4) ◯

✕표 답 풀이

(1) 성리학적 질서가 퍼지며 양반 중심의 신분 질서가 강화되었고, 양반과 나머지 계층이 엄격하게 나뉘었다.

(3) 조선 전기에 양반들은 유교의 가르침에 따라 검소한 문화 예술을 즐겼다.

2. (1) - ㉡ (2) - ㉣ (3) - ㉠ (4) - ㉢

정답 풀이

(1) 양반은 관직을 얻어 나랏일을 하거나 유학을 공부했다(㉡).

(2) 중인은 관청에서 일하거나 의학이나 법률, 통역과 관련된 일을 맡아 하기도 했다(㉣).

(3) 상민은 주로 농사를 지으며 살았다(㉠).

(4) 천민은 대부분 노비로, 관청에 속하거나 양반집에 속해 허드렛일을 했다(㉢).

3. ④

정답 풀이

④ 16세기 이후에 유행한 백자는 선비의 욕심 없는 깨끗한 됨됨이를 보여 준다. 분청사기는 15세기까지 유행한 도자기이다.

4. ①

㉠ 신분은 상민이다.

오답 풀이

② 양반에 관한 설명이다.

③, ⑤ 천민에 관한 설명이다.

④ 중인에 관한 설명이다.

5.

조선의 신분제	양반 문화의 발달
- 원래 양천제였으나 실제로는 양반, 중인, 상민, 천민의 네 신분으로 구분됨. - **양 반** 은 관직을 얻거나 유학을 공부함. - 중인은 높은 관리를 도와 일하거나 의학, 통역 등을 맡음. - **상 민** 은 주로 농사를 지음. - 천민은 대부분 노비였음.	- 조선 전기에 양반 중심의 문화가 발달함. - 양반들은 유교의 가르침에 따라 검소한 문화를 즐김. - 사군자를 그린 **사 군 자 화** 가 유행함. - 15세기까지는 분청사기, 16세기 이후 **백 자** 가 유행함.

6. (1) ㉠ 분청사기 ㉡ 백자

(2) 모범 답안

조선 전기 도자기 예술에서는 **유교의 가르침을 따르는 양반 문화의 특징**이 잘 드러납니다.

개념 정리

사화의 전개	① 사림 ② 훈구 ③ 사화		
붕당의 형성	① 서인	조선의 신분제	① 양반 ② 상민
성리학적 질서의 확산과 사회 변화	① 삼강오륜 ② 명분론	양반 문화의 발달	① 사군자화 ② 백자

탐구 독해

탐구 주제 1

1. ㉠ 현량과
㉡ 소격서
㉢ 거짓 공훈

2. 모범 답안
중종은 **훈구를 견제하기** 위해 조광조를 등용했습니다. 하지만 조광조의 개혁은 **훈구의 거센 반발**을 불러왔고 중종에게도 부담이 되어 결국 실패했습니다.

탐구 주제 2

1. ㉮ 붕당

2. ㉠ 서인
㉡ 이조 전랑

3. 모범 답안
붕당은 서로의 <u>다름</u>을 인정하면서 건전한 <u>비판</u>과 <u>토론</u>을 통해 조선의 정치를 이끌어 나갔습니다.

탐구 주제 3

1. ㉠ 주자가례
㉡ 소학

2. 모범 답안
첫째, <u>향약</u>을 잘 지킨 사람에게는 <u>상</u>을 주고, 어긴 사람에게는 <u>벌</u>을 주었습니다.
둘째, 일반 백성에게 『<u>주자가례</u>』와 『<u>소학</u>』의 내용을 보급했습니다.

탐구 주제 4

1. ㉠ 사군자
㉡ 백자

2. 모범 답안
조선 시대 양반들은 사군자화를 그려 <u>선비</u>의 <u>올곧은 마음</u>을 나타내고자 했습니다.

어휘

16세기 말에 도요토미 히데요시가 혼란하던 **일본**을 통일했어요.

그런 다음 일본이 조선에 쳐들어와 　임　진　왜　란　이 일어났어요.

일본의 침략에 선조는 한양을 떠나 의주로 　피　란　하면서 명에 도움을 요청했어요.

명은 　지　원　군　을 보내 조선을 도왔어요.

일본에 밀리던 조선은 수군과 의병의 활약으로 상황을 뒤집었어요.

바다에서는 **이순신**이 이끄는 　수　군　이 여러 차례 승리했어요.

육지에서는 **곽재우** 등이 　의　병　을 일으켜 일본군에 맞서 싸웠어요.

행주산성에서 **권율**이 이끄는 　관　군　이 크게 승리하기도 했어요.

독해

1. (1) ○　(2) ○　(3) ×　(4) ○

　×표 답 풀이

(3) 이순신이 이끄는 수군이 일본군을 무찌르며 서남해와 전라도 지역을 지켜 냈다. 그러면서 바다로 무기와 식량을 운반하려던 일본의 계획은 무너졌다.

2. (1) - ©　(2) - ©　(3) - ①

　정답 풀이

(1) 진주 대첩은 김시민이 이끄는 관군과 의병이 함께 싸워 일본군을 이긴 전투이다(©).

(2) 행주 대첩은 권율이 이끄는 관군과 백성들이 함께 싸워 일본군을 이긴 전투이다(©).

(3) 한산도 대첩은 이순신이 이끄는 수군이 일본군을 이긴 전투이다(①).

3. ⑤

　오답 풀이

① 명은 지원군을 보내 조선을 도왔다.

② 선조는 한양을 떠나 의주까지 피란했다.

③ 신립은 충주에서 일본군을 막지 못했다.

④ 의병은 익숙한 지리를 활용한 전술로 일본군에게 큰 피해를 줄 수 있었다.

4. ①

　정답 풀이

① 조선 수군은 옥포에서 첫 승리를 거둔 뒤 연이어 이기고 한산도에서도 일본군을 크게 무찔렀다.

5.

임진왜란		수군과 의병의 활약	
일본을 통일한 도요토미 히데요시가 조선에 쳐들어와 　임　진　왜　란　을 일으킴(1592).	수군	- **이　순　신**이 이끄는 수군이 옥포에서 첫 승리를 거둠. - 한산도 대첩으로 일본군을 크게 무찌름.	
↓			
부산과 충주가 무너지며 선조가 의주까지 　피　란　함.	의병	- 전직 관리, 유학자, 승려 등이 백성을 모아 의병을 일으킴. - 곽재우, 고경명 등이 크게 활약함.	
↓			
조선이 명에 지원군을 요청함.	관군	- 김시민이 진주에서 일본군을 무찌름. - 권율이 　행　주　대　첩　으로 일본군을 크게 무찌름.	

6. (1) ① 의병

(2) 　모범 답안

의병은 자신이 나고 자란 마을의 지리에 밝아서 익숙한 지리를 활용한 전술로 일본군에게 큰 피해를 줄 수 있었습니다.

어휘

임진왜란에서 불리해진 일본이 **휴전**하려 했지만 협상이 잘 되지 않았어요.

이에 일본이 다시 조선을 침략하면서 **정 유 재 란**이 일어났어요.

하지만 군사력을 키워 놓은 조선은 **명 량 대 첩** 등으로 일본을 크게 무찔렀어요.

이후 일본군이 **철수**하면서 오랜 전쟁은 끝이 났어요.

조선은 임진왜란부터 정유재란까지 이어진 7년간의 전쟁으로 큰 **피해**를 입었어요.

조선은 인구가 줄고 농지가 **황 폐 화** 되었어요.

이후 일본에서는 도쿠가와 이에야스가 **에 도 막 부**를 세웠어요.

한편 중국에서는 명이 약해진 틈을 타 **여 진**이 성장했어요.

독해

1. (1) ✕ (2) ○ (3) ○ (4) ○

✕표 답 풀이

(1) 전쟁에서 불리해진 일본이 명에 전쟁을 잠시 멈추자며 휴전 협상을 하자고 했다.

2. (2) → (1) → (3) → (4)

정답 풀이

(2) 임진왜란에서 불리해진 일본이 명에 휴전 협상을 제안했다. → (1) 1597년(정유년)에 일본이 다시 조선을 침략했다. → (3) 이순신과 조선 수군이 명량에서 일본군에 큰 승리를 거두었다. → (4) 일본의 도요토미 히데요시가 죽자 일본군이 철수하면서 전쟁이 끝났다.

3. ②

정답 풀이

② 전쟁으로 노비 문서나 토지 문서가 불타 없어져서 조선의 신분 질서가 흔들리게 되었다.

4. ③

오답 풀이

① 조선에서 외교 사절단인 통신사를 일본에 보낸 것은 전쟁이 끝나고 난 뒤이다.

② 도요토미 히데요시가 갑작스럽게 죽자 일본군이 철수하면서 전쟁이 끝났다.

④ 전쟁이 끝난 뒤 권력을 잡은 도쿠가와 이에야스가 에도 막부를 세웠다.

⑤ 이순신이 이끄는 조선 수군이 명량에서 큰 승리를 거둔 것은 정유재란 중에 일어난 일이다.

5.

정 유 재 란	전쟁 후의 변화	
일본이 명에 휴전 협상을 제안함. ↓ 휴전 협상이 깨지자 일본이 다시 조선을 침략함(1597). ↓ 이순신과 수군이 **명 량**에서 일본군을 크게 물리침(명량 대첩, 1597). ↓ 도요토미 히데요시가 죽자 일본군이 철수하고 전쟁이 끝남(1598).	조선	- 인구가 줄고 토지가 황폐해짐. - 신분 제도가 흔들리고 나라 살림이 어려워짐. - 문화유산이 불타거나 약탈당함.
	일본	- 도쿠가와 이에야스가 **에 도 막 부**를 세움.
	중국	- 명의 힘이 약해지고 여진의 세력이 커짐.

6. (1) ㉠ 인구

(2) **모범 답안**

전쟁 중에 수많은 사람이 죽고, **조선의 백성이 일본에 포로로 잡혀가면서 인구가 크게 줄었습니다.**

어휘

임진왜란 이후 선조의 뒤를 이어 광해군 이 왕이 되었어요.

광해군은 전쟁으로 인한 피해를 복구하는 데 힘썼어요.

이 무렵 여진이 세력을 키워 후금 을 세우고 명과 대립했어요.

광해군은 명 과 후금 사이에서 중립 외교 를 펼쳤어요.

명에 대한 의리를 중요하게 여기던 서인 은 광해군이 명을 배신했다며 비판했어요.

광해군과 다투던 서인은 인조반정 을 일으켜 광해군을 몰아냈어요.

그러면서 북인 이 몰락했어요.

이후 인조 와 서인이 권력을 잡았어요.

독해

1. (1) ○ (2) ○ (3) ✕ (4) ✕

✕표 답 풀이

(3) 명이 후금을 막기 위해 조선에 지원군을 요청했다.

(4) 서인들은 광해군의 외교 정책에 불만이 컸으며, 이후에도 광해군을 비판하다가 광해군을 왕의 자리에서 몰아냈다.

2. (2) → (3) → (1) → (4)

정답 풀이

(2) 임진왜란이 끝나고 선조의 뒤를 이어 광해군이 왕이 되었다. → (3) 명은 후금을 막기 위해 조선에 지원군을 요청했다. → (1) 광해군은 명과 후금 사이의 싸움에 끼어들지 않도록 강홍립에게 명령을 내렸고, 강홍립은 후금에 항복했다. → (4) 서인 세력은 인조반정을 일으켜 광해군을 몰아내고 인조를 왕으로 세웠다.

3. ⑤

정답 풀이

⑤ 광해군은 중립 외교를 펼쳐 명에 지원군을 보내는 한편 후금과의 전쟁을 피했다.

4. ②

중립 외교를 펼친 광해군은 명을 배신했다는 이유로 서인들의 강한 비판을 받았다. 또한 영창 대군을 죽이는 등의 일로 유교 윤리에 어긋나는 행동을 했다는 비판을 받았고, 결국 인조반정으로 서인 세력에 의해 왕의 자리에서 쫓겨났다.

정답 풀이

② 광해군이 서인 세력을 몰아내는 일은 없었다.

5.

광 해 군 의 전후 복구와 중립 외교		인조반정
전후 복구	- 토지 문서를 정리함. - 성곽과 무기를 수리함. - 군사 훈련을 실시함. - 『동의보감』을 완성하게 함.	서 인 들이 광해군의 외교 정책에 불만을 품음. ↓ 서인이 인 조 반 정 을 일으켜 광해군을 몰아내고 인조를 왕으로 세움(1623).
중 립 외교	- 명을 도와 지원군을 보냈 지만 후금에 항복함. - 명과 후금 사이의 싸움에 끼어들지 않음.	

6. (1) ㉠ 명 ㉡ 후금 (순서가 바뀌어도 됨)

(2) 모범 답안

광해군은 중립 외교를 펼침으로써 **후금과의 전쟁을 피하고 나라의 안정을 유지하려 했습니다.**

어휘

광해군을 몰아낸 뒤 조선은 친 명 배 금 정책을 펼쳤어요.

이에 **후금**이 조선에 쳐들어와 정 묘 호 란 이 일어났어요.

인조는 강 화 도 로 피란했고, 백성들은 후금에 맞서 싸웠어요.

후금은 조선과 형 제 관 계 를 맺고 돌아갔어요.

후금은 더욱 강해져 국호를 청 으로 바꾸고 조선에 군 신 관 계 를 요구했어요.

조선이 청의 요구를 거절하자, 청은 병 자 호 란 을 일으켰어요.

인조는 신하들과 남 한 산 성 으로 피신했어요.

인조는 삼 전 도 에서 청에 끝내 항복하고 말았어요.

독해

1. (1) ✕ (2) ✕ (3) ✕ (4) ○

✕표 답 풀이

(1) 인조와 서인 세력은 후금을 오랑캐의 나라로 여기며 멀리하는 친명배금 정책을 펼쳤다.

(2) 청이 군신 관계를 요구하자 신하들의 의견이 주전론과 주화론으로 나뉘었다.

(3) 병자호란이 일어나자 인조는 강화도로 피란을 가려 했으나 그 길마저 막혀 급하게 남한산성으로 피신해 저항했다.

2. (4) → (3) → (1) → (2)

정답 풀이

(4) 조선이 친명배금 정책을 펼치자 이에 반발한 후금이 1627년에 조선을 침략하여 정묘호란이 일어났다. → (3) 1636년 청 태종이 직접 군대를 이끌고 조선에 다시 쳐들어와 병자호란이 일어났다. → (1) 병자호란 때 인조와 신하들이 남한산성에서 45일간 버티며 저항했다. → (2) 결국 인조가 삼전도에서 청 태종에게 굴욕적인 항복을 했다.

3. ③

정답 풀이

③ 병자호란의 결과, 조선은 명과 관계를 끊기로 약속했다.

4. ③

오답 풀이

① 윤집은 명과의 의리를 저버릴 수 없다고 내세우며, 청의 요구를 거절하는 주전론을 펼치고 있다.

② 최명길은 청의 노여움을 사면 안 된다고 내세우며, 전쟁에 반대하는 주화론을 펼치고 있다.

④ 정묘호란 이후 청이 조선에 군신 관계를 요구하자 신하들의 의견이 나뉘었다.

⑤ 조선은 명을 부모의 나라로, 청을 오랑캐의 나라로 여기고 있다.

5.

정묘호란	병 자 호 란
인조와 서인 세력이 친 명 배 금 정책을 펼치자 후금이 조선에 쳐들어옴(정묘호란, 1627). ↓ 인조와 신하들이 강화도로 피란함. ↓ 후금이 조선과 형 제 관 계 를 맺고 돌아감.	후금이 나라 이름을 청으로 바꾸고 조선에 군신 관계를 맺자고 요구함. ↓ 조선이 군신 관계를 거부하자 청이 다시 쳐들어옴(병자호란, 1636). ↓ 인조와 신하들이 남한산성으로 피신하여 저항함. ↓ 인조가 삼 전 도 에서 청에 항복함.

6. (1)

(2) 모범 답안

인조는 삼전도에서 **청 태종에게 굴욕적인 항복을 하게** 되었습니다.

개념 정리

일본의 조선 침략	① 임진왜란 ② 정유재란
왜란 때의 활약	① 수군 ② 의병
왜란 이후의 변화	① 황폐화 ② 에도 막부

청의 조선 침략	① 정묘호란 ② 병자호란
호란 전의 상황	① 중립 외교 ② 인조반정
호란의 진행 과정	① 후금 ② 삼전도

탐구 독해

탐구 주제 1

1. ㉠ 판옥선, 거북선
ⓛ 조총

2. 모범 답안
이순신이 이끄는 조선 수군은 지형과 무기에 알맞은 전술을 써서 일본군을 물리칠 수 있었습니다.

탐구 주제 2

1. ㉠ 일본
ⓛ 조선
ⓒ 명

2. 모범 답안
일본에서는 도쿠가와 이에야스가 권력을 잡고 에도 막부 시대를 열었습니다. 중국에서는 명이 혼란스러운 틈을 타 여진의 누르하치가 후금을 세웠습니다.

탐구 주제 3

1. ㉠ 명
ⓛ 후금

2. 모범 답안
광해군은 명과 후금 사이에서 중립 외교를 펼쳤고, 인조는 명을 가까이하고 후금을 멀리하는 친명배금 정책을 펼쳤습니다.

탐구 주제 4

1. ㉠ 남한산성

2. 모범 답안
청의 군대가 남한산성을 에워싸자 인조와 신하들은 추위와 굶주림 속에서 저항하다 결국 항복했습니다.